SEM-VERGONHA

NADIA BOLZ-WEBER

SEM-VERGONHA

Como não se sentir mal por se sentir bem

TRADUÇÃO Carolina Simmer

1ª edição

Rio de Janeiro | 2022

TÍTULO ORIGINAL
Shameless — A Sexual Reformation

TRADUÇÃO
Carolina Simmer

COPIDESQUE
Fatima Fadel

REVISÃO
Anna Beatriz Seilhe

DESIGN DE CAPA
Fernanda Mello

CIP-BRASIL. CATALOGAÇÃO NA PUBLICAÇÃO
SINDICATO NACIONAL DOS EDITORES DE LIVROS, RJ

B679s   Bolz-Weber, Nadia
      Sem-vergonha : como não se sentir mal por se sentir bem / Nadia Bolz--Weber ; tradução Carolina Simmer. 1. ed. - Rio de Janeiro : BestSeller, 2022.

Tradução de: Shameless : a sexual reformation
ISBN 978-65-5712-214-3

1. Sexo - Aspectos religiosos - Cristianismo. 2. Sexo - Ensino bíblico. I. Simmer, Carolina. II. Título.

22-78971   CDD: 241.664
                                CDU: 27-447

Gabriela Faray Ferreira Lopes – Bibliotecária – CRB-7/6643

Copyright© 2019 by Nadia Bolz-Weber
This translation published by arrangement with Convergent Books,
an imprint of Random House, a division of Penguin Random House LLC.

Copyright da tradução © 2022 by Editora Best Seller Ltda.

Todos os direitos reservados. Proibida a reprodução,
no todo ou em parte, sem autorização prévia por escrito da editora,
sejam quais forem os meios empregados.

Direitos exclusivos de publicação em língua portuguesa para o Brasil
adquiridos pela
Editora Best Seller Ltda.
Rua Argentina, 171, parte, São Cristóvão
Rio de Janeiro, RJ — 20921-380
que se reserva a propriedade literária desta tradução.

Impresso no Brasil

ISBN 978-65-5712-214-3

Seja um leitor preferencial. Cadastre-se no site
www.record.com.br e receba informações sobre
nossos lançamentos e nossas promoções.

Atendimento e venda direta ao leitor:
sac@record.com.br

PARA E.B.

SUMÁRIO

    Nota para os leitores   9

    Prece   11
1. Sanctus   23

CRIAÇÃO I: A PRIMEIRA BÊNÇÃO   36

2. Um urso personalizado   39
"Qual é a minha escala de feminilidade?",
teste do livro-texto Christian Charm Course   55
3. Esta porra é de graça   57
Hooked on Colfax   69
4. Dupla hélice   71
A Bíblia de Cindy   83

CRIAÇÃO II: ELES PERTENCIAM UM AO OUTRO   84

5. Resistência sagrada   87
Denver contra Nashville   102
6. A cadeira de balanço   107
Como o aborto entrou na agenda política dos evangélicos:
uma história   123
7. A lareira   127

**CRIAÇÃO III: QUEM FALOU QUE VOCÊ
ESTAVA PELADO?** 139

8. Sinto cheiro de sexo e doces 143

**CRIAÇÃO IV: A CARNE TRANSFORMADA
EM PALAVRAS** 157

9. Agitação terminal 159
  *E no último dia (de terapia de reorientação sexual):
  um poema de Pádraig Ó Tuama* 168
10. Mágica também existe 171
11. Olá, eu sou... 183
12. Bênção 191

Agradecimentos 205
Fontes 207

NOTA PARA OS LEITORES

Minhas histórias pessoais neste livro são fiéis à minha memória. Como sempre acontece com as lembranças, a forma como me recordo e relato os acontecimentos pode ser diferente da maneira como outras pessoas se lembram dos mesmos eventos, e o mesmo vale para a forma como os membros da minha paróquia se recordam e relatam suas histórias. Em alguns casos, detalhes que facilitariam a identificação dos envolvidos foram modificados para proteger a privacidade dos mesmos. Em certos trechos, resumi situações para tornar a narrativa mais agradável. Todas as histórias dos meus paroquianos foram contadas com a permissão deles.

Também quero deixar explícito que relatos de abuso e agressão sexual surgiram com uma regularidade preocupante em minhas conversas. Não sou capacitada para tratar desse mal específico no âmbito deste livro. Mas também não poderia deixar de mencioná-lo.

No final deste livro, você encontrará uma pequena lista [em inglês] de livros, currículos acadêmicos e referências de educadores que podem ajudá-lo a falar sobre a própria história e a escutar a história dos outros. Morri de medo quando começamos a conversar sobre sexo e espiritualidade na igreja. Mas foi maravilhoso. Faça isso também.

PRECE

A graça do Nosso Senhor Jesus Cristo, o amor de Deus e a comunhão do Espírito Santo estejam convosco.

E contigo também.

Na semana em que Prince morreu, fui de avião a Charlotte, na Carolina do Norte, a fim de palestrar para um grupo de metodistas. Naquela mesma semana, o poder legislativo daquele estado aprovou a chamada "lei do banheiro", determinando que as pessoas deveriam usar o banheiro correspondente ao sexo declarado em seus documentos de identificação. Enquanto guardava minha mala de mão no espaço sob o assento diante de mim, pensei nesse projeto horroroso e no pequeno plano que eu tinha bolado como protesto. Minha mala abrigava um rolo de fita adesiva e meia dúzia de folhas de papel, todas exibindo — em uma fonte enorme na cor roxa — o símbolo andrógino do nome de Prince.

O avião decolou, e olhei pela janela. Nós atravessávamos as planícies secas do leste do Colorado, a 30 mil pés de um conjunto de pequenos círculos verdes e marrons que revelavam a geometria da agricultura industrial. Como uma garota de cidade grande que não entende nada sobre plantações, sempre fiquei confusa com esses círculos verdes. Por que os fazendeiros faziam plantações circulares em lotes quadrados?

Mais tarde, quando pesquisei sobre o assunto, descobri que, em 1940, a apenas 50 metros do lugar em que meu avião havia decolado para o céu frio do Colorado, um homem chamado Frank Zybach inventara o sistema de pivô central de irrigação, basicamente revolucionando a agricultura norte-americana. Nesse sistema, o equipamento de irrigação gira em um eixo, permitindo que as plantações sejam molhadas em um padrão circular. Elas não são cultivadas em círculo; apenas são regadas dessa maneira. A água nunca alcança as plantas nos cantos.

Quando cheguei ao aeroporto de Charlotte, coloquei em ação meu projeto de prender os símbolos de Prince nas placas de banheiro que diziam "Homens" e "Mulheres". Depois, fui para a igreja.

No dia seguinte após meu retorno para casa, sentei na beira do palco da House for All Sinners and Saints (HFASS), a igreja em Denver na qual sou pastora. Minha paroquiana Meghan e eu observávamos a refeição comunitária mensal da igreja. Grupos de pessoas completamente destoantes, de diferentes idades, gêneros e orientações sexuais, ocupavam 12 mesas redondas no salão, comendo chili em tigelas descartáveis.

Meghan, uma mulher trans alta, com cabelo comprido e ralo, e um rosto e um corpo que, segundo ela, não lhe permitem "passar batida", sofre de tanta ansiedade social que sentar à mesa comunitária não é uma opção. Geralmente, ela se acomoda na beira do palco. Em alguns domingos, em vez de me juntar ao grupo, fico ao seu lado, e conversamos sobre revistas em quadrinhos.

Naquele dia, com nossas pernas penduradas para fora do tablado, toquei em um assunto que não saía da minha cabeça.

— Ei, Meghan, hoje de manhã li meu livro antigo de educação sexual cristã pela primeira vez em uns quarenta anos.

— Ela riu, e continuei: — Aprendi que o plano de Deus é que todo mundo seja heterossexual, um cristão cisgênero que nunca transa com ninguém até se casar com seu amor verdadeiro e começar a produzir bebês.*

Nós duas rimos. Então balancei a cabeça.

— Bem, imagino que realmente exista esse tipo de gente por aí...

Meghan ergueu uma das mãos e encostou o dedão nos seus outros dedos com unhas pintadas de roxo.

— Óbvio que existe. É um círculo deste tamanho de tão minúsculo.

Se você desenhasse um círculo para representar todas as pessoas do planeta, e dentro dele fizesse um menor para representar as pessoas que vivem de acordo com o "plano de Deus", então, bem, pouquíssima gente estaria lá dentro. Meghan não estaria. Nem eu. Ele também não incluiria pessoas divorciadas, pessoas em casamentos infelizes, pessoas que fazem sexo antes de se casarem, pessoas que se masturbam, pessoas assexuais, pessoas gays, pessoas bissexuais, pessoas que não são cristãs, pessoas de gênero não binário...

Se esse é o "plano de Deus", então Ele fez um péssimo plano.

Talvez você também não se encaixe nesse círculo. O Senhor plantou muitos de nós nos cantos, mas o sistema de pivô central de irrigação dos ensinamentos da Igreja sobre sexo e sexualidade tende a nos excluir. Muitos de nós aprendemos que, se não entrarmos no círculo de códigos de comportamento da Igreja,

---

* O termo "cisgênero" significa que o gênero biologicamente identificado no momento do nascimento de uma pessoa é condizente com sua identidade sexual.

vamos desagradar a Deus, então nos talhamos até chegarmos a um formato que se encaixa nesses ensinamentos, ou negamos por completo essas nossas partes. As partes sensuais. As partes safadinhas. As partes gays. As partes de gravidez indesejada. As partes frustradas.

Mas nossas expressões sexuais e de gênero são tão intrínsecas ao que somos quanto nossa educação religiosa. Separar esses aspectos de nós — separar a vida como um ser sexual da vida com Deus — significa bifurcar nossa mente, como uma progressão musical que nunca alcança o ápice.

Nos meus dez anos como pastora da HFASS, conheci jovens casados que obedeceram a Igreja e "esperaram", apenas para descobrir, no dia do casamento, que eram incapazes de ligar um botão em seus cérebros e corpos e, do nada, parar de ver o sexo como algo pecaminoso, sujo e perigoso, e passar a encará-lo como algo alegre, natural, uma dádiva de Deus. Conheci mulheres solteiras que só transaram aos 40 anos e que agora não fazem a menor ideia de como lidar com o aspecto emocional de um relacionamento sexual. Já ouvi mulheres de meia-idade admitirem que ainda não conseguem usar blusas com decote porque, na adolescência, aprenderam que a modéstia feminina era a melhor proteção contra investidas sexuais indesejadas. Já vi homens gays que nunca denunciaram o abuso sexual que sofreram na igreja porque aprenderam que ser gay era pecado. Já ouvi histórias de mulheres que foram estupradas pelo marido depois de casarem aos 20 anos (porque, se você precisa esperar o casamento para transar, é melhor acelerar o processo), mas, por terem escutado na igreja sobre um versículo da Bíblia que diz que as esposas devem se submeter aos maridos, concluíram que aquilo não era estupro de verdade.

Não é difícil ver uma ligação direta entre as mensagens que muitos de nós recebemos na igreja e os danos que sofremos em nosso corpo e nosso espírito como resultado. Então, meu argumento neste livro é o seguinte: não devemos ser mais leais a uma ideia, a uma doutrina ou a uma interpretação de um versículo da Bíblia do que somos a *pessoas*. Se os ensinamentos da Igreja machucarem os corpos e os espíritos das pessoas, eles devem ser repensados.

Quinhentos anos atrás, Martinho Lutero refletiu sobre os sofrimentos da vida espiritual dos membros de sua paróquia, especificamente o tormento de tentar cumprir obrigações sacramentais determinadas pela Igreja para satisfazer um Deus raivoso. Lutero ousou pensar que o Evangelho — a história de Deus que veio para a humanidade na forma de Jesus de Nazaré, que transmitiu para nós as palavras da vida — poderia libertar seus paroquianos do mal que sua Igreja causava. Ele era menos leal aos ensinamentos da instituição do que às *pessoas*, e isso criou a faísca do que agora é conhecido como a Reforma Protestante.

Sei que haverá aqueles que não desejam repensar suas ideias sobre ética, gênero e orientação sexual, sexo fora do casamento e a inerente pureza do corpo humano. Talvez alguns leitores olhem para a própria vida, para a própria igreja, e vejam apenas casais felizes e heterossexuais que têm relacionamentos monogâmicos recompensadores e que resplandecem com a satisfação de "seguir o plano especial de Deus para a humanidade". Não sei. Talvez. Eu não frequento a sua igreja e não vivo a sua vida. Então, se os ensinamentos tradicionais da Igreja sobre sexo e o corpo não causaram nenhum problema para as pessoas ao seu redor, e até forneceram um plano para a prosperidade humana, então este livro provavelmente não é para você. (Mas tenho uma boa notícia: o mundo editorial cristão é seu. Lá, você encontrará um monte de livros que confirmarão e até o ajudarão a reforçar suas crenças.)

Este livro é para todas as outras pessoas. Espero que ele seja a água para aqueles que foram plantados nos cantos. Eu o escrevi para qualquer um que já teve que manter sua vida amorosa em segredo. Para todos aqueles que foram bons e fizeram tudo certo aos olhos da Igreja, mas, mesmo assim, têm uma vida sexual sem os fogos de artifício e a mágica que lhe prometeram que encontraria caso "esperassem". Para os pais de um filho gay, pais que o amam e o apoiam porque sabem que ele não é um erro nem uma abominação pecaminosa, e, como resultado desse apoio, se tornaram excluídos pela própria igreja. Este livro é para todos que já sentiram vergonha de sua natureza sexual por causa de algo que lhe disseram em nome de Deus. Este livro é para qualquer um que tenha se afastado do cristianismo e, ainda assim, continua acreditando em Jesus em segredo, para sempre. Este livro é para aqueles que transmitiram os ensinamentos tradicionais da Igreja sobre sexo para seus filhos e agora se arrependem disso. Este livro é para os recém-divorciados que desejam ser amantes carinhosos e atenciosos, mas se perguntam: *As regras que aprendi no grupo jovem ainda se aplicam a mim?* Este livro é para o jovem evangélico que silenciosamente discorda da posição de sua igreja sobre sexo e orientação sexual, mas se sente sozinho nesse silêncio. Este livro é para todos que se perguntam, mesmo que inconscientemente: *Será que a Igreja se obcecou demais com esse assunto? Será que estamos mesmo certos?*

Acredito de verdade que a Igreja, em geral, *não* está certa de jeito nenhum.

Porém, para ser justa, a religião não é a única fonte de mensagens prejudiciais sobre o sexo e o corpo. Na cultura norte-americana, assim como na Igreja, o sexo tem destaque. A cultura nos bombardeia com a comoditização do sexo, com as próprias ideias degradantes sobre nosso valor e nossos méritos. Assim, outro círculo diminuto é criado em torno, por exemplo, dos corpos humanos que são dignos de desejo — aqueles com uma simetria específica de rosto, tamanho da perna, proporção entre gordura e músculo, formato dos olhos, lisura da pele — e daqueles que não são. Constantemente avaliamos quão próximos estamos desse ideal, ou quão distantes. E passamos a ser invisíveis quando nos tornamos velhos demais, gordos demais, normais demais para se encaixar no círculo minúsculo daquilo que é desejado. Isso, em conjunto com a mentira difundida de *não ter o suficiente* — não fazer sexo o suficiente, não ter um parceiro bonito o suficiente, não ter uma vida empolgante o suficiente —, pode entorpecer a capacidade de apreciar o prazer de nossos corpos reais, nossos relacionamentos reais e nossas vidas reais.

No entanto, não vou ceder ao pecado da falsa equivalência. Admitir que tanto a Igreja quanto nossa cultura podem causar mal não é o mesmo que afirmar que ambos causam o mesmo mal. Não causam. Porque, por pior que sejam as mensagens que a sociedade transmite, ninguém afirma que elas venham de *Deus*. Nossa cultura não me diz que o Criador do universo sente nojo da minha celulite.

Então, e agora?

Bem, eu gostaria que nós, juntos, pensássemos em tudo que aprendemos e internalizamos na igreja. Vamos refletir sobre o mal que foi causado em nome de Deus, mas não podemos nos contentar apenas com isso. Devemos encontrar uma nova ética sexual cristã.

Por quase dois anos, conversei com muitos dos membros da minha paróquia, que se tornaram os personagens principais deste livro.* Também compartilhei histórias da minha vida, reencontrei e reli livros de educação sexual cristã, me meti em alguns assuntos polêmicos (o movimento da temperança, o legado dos padres, o passado pouco conhecido de como os evangélicos se engajaram na causa do aborto), estudei passagens da Bíblia e teologia cristã, e enchi a paciência dos meus amigos, insistindo em um único assunto por mais tempo do que qualquer pessoa sã faria. Mais do que escrever este livro, fui possuída por ele.

Durante a leitura, por favor, saiba que transmiti minhas melhores e mais matutadas ideias para transformar a forma como pensamos em sexo. E, acima de tudo, espero ajudar o processo de cura para aqueles de nós que foram prejudicados pelos ensinamentos mais abrangentes da Igreja ou por nossa incapacidade de sequer conversar sobre sexo. Como indivíduos e comunidades, continuamos a gaguejar quando alguém toca no assunto, apenas para sermos assolados por mensagens de julgamento e vergonha, e tomarmos atitudes erradas.

Acho melhor elucidar logo no começo que não existe a possibilidade de eu ser capaz de tratar de todas as experiências, variações ou perspectivas sexuais neste livro. Também não posso rebater nem antecipar todas as objeções sobre o que escrevi. Não sou terapeuta sexual, historiadora, especialista na Bíblia nem crítica cultural. Sou apenas uma pastora preocupada com os problemas

---

* As entrevistas que serviram como estudo de caso para este livro foram conduzidas exclusivamente com os frequentadores da House for All Sinners and Saints. Assim, as histórias não representam nada além do que foi compartilhado comigo pelos membros de uma única congregação. Espero que mais comunidades com uma variedade maior de experiências e localizações sociais tenham conversas semelhantes e divulguem suas descobertas.

que encontra na vida dos membros da sua paróquia e que também se preocupa com você. Não tenho respostas exatas. Não tenho uma lista atualizada de bons e maus comportamentos. Este livro não tem a pretensão de redimir os poucos versículos da Bíblia que foram usados contra nós. Não é uma teologia sexual sistemática.

Vou contar sobre o que este livro se *trata*. Ele é um teste de DNA de nossos problemas, espetando uma agulha em nossos braços, tirando sangue e nos mostrando nosso passado para que possamos descobrir como prosseguir para algo novo. São camadas de histórias, vozes, perspectivas, história, poesia e escrituras. Como um corpo humano, ele tem curvas.

Alain de Botton, filósofo, ateu e autor best-seller, argumenta que a religião pelo menos parece compreender a importância e o poder do sexo.* Talvez seja isso mesmo. O sexo é uma parte fundamental de nós. Sua manipulação, exploração ou negação pode acabar com a gente. É por isso que a religião com frequência tenta mitigar o poder dele, seja através de celibato forçado, roupas recatadas, cintos de castidade, mutilação genital, mentiras maldosas ensinadas a crianças sobre os males da masturbação ou uma série de outras coisas. Mas o que eu me pergunto é o seguinte: se a religião é o meio que mais leva a sério o poder do sexo, será que ela também não pode ser o melhor espaço para começarmos uma nova interpretação sobre o assunto? Um espaço que não seja

---

* "Apenas as religiões ainda levam o sexo a sério... As pessoas costumam zombar do puritanismo das religiões, mas elas não afirmariam que o sexo é tão ruim se também não compreendessem que ele pode ser maravilhoso." Alain de Botton, "Twelve Rude Revelations About Sex", *Psychology Today*, 2 de janeiro de 2013.

afligido por legalismos ou humilhações, que não ignore a depravação dos seres humanos em prol de uma ideia absurda de que somos capazes de um altruísmo perfeito?

Será que nós, criados em uma cultura amplamente cristã, quando não totalmente imersos na Igreja, podemos nos tornar um povo que deseja o desenvolvimento sexual de todas as pessoas? E, caso a resposta seja positiva, onde podemos encontrar orientação?

Para começar, talvez seja bom refletir sobre a definição da Organização Mundial da Saúde (OMS) sobre saúde sexual:

> Uma condição de bem-estar físico, emocional, mental e social em relação à sexualidade; não apenas a ausência de doenças, disfunções ou enfermidades. A saúde sexual requer uma abordagem positiva e respeitosa à sexualidade e aos relacionamentos sexuais, assim como a possibilidade de vivenciar experiências sexuais seguras e prazerosas, livres de coerção, discriminação e violência. Para a saúde sexual ser alcançada e mantida, os direitos sexuais de todas as pessoas devem ser respeitados, protegidos e cumpridos.*

Em outras palavras, o consentimento (o consentimento entusiasmado — não apenas a omissão de um "não") e a reciprocidade (o desfrute de ambas as partes) fazem parte daquilo que a OMS define como base da ética sexual.

Ainda assim, por mais fundamentais que o consentimento e a reciprocidade sejam, uma ética sexual cristã deve oferecer ainda mais. E, por mais absurdo que isso pareça, o lugar onde acho que

---

* Organização Mundial da Saúde, "Defining Sexual Health", 2006, http://www.who.int/reproductivehealth/topics/sexual_health/sh_definitions/en/.

podemos encontrar orientação é a Bíblia. A Bíblia é simplesmente potente demais para ser deixada nas mãos apenas daqueles que a usam, mesmo sem se dar conta, para justificar e proteger seu lugar no centro do campo de irrigação. E, às vezes, a origem dos problemas pode ser a fonte mais poderosa para sua reparação.

Vou roubar outra ideia de Martinho Lutero agora. Em *Catecismo menor de Lutero*, ele ensina que os Dez Mandamentos vão além da mera ausência de maus comportamentos. Eles também tratam da presença da bondade. Por exemplo, podemos concluir que o Quinto Mandamento, *Não matarás*, é um brinde — como o quadrado do meio de uma cartela de bingo, aquele que podemos riscar de imediato. Porém, Lutero ensina que *Não matarás* significa que "devemos amar e temer a Deus, para que não coloquemos em perigo nem prejudiquemos a vida do próximo; ao contrário, devemos ajudá-los e apoiá-los em todas as necessidades da vida". Ou seja: não prejudicar *e* apoiar os outros em seus momentos de necessidade.

Da mesma forma, quando se trata de sexo, para a prosperidade sexual ocorrer, devemos ser guiados por mais do que apenas a ausência do "não" e de malefícios. É por isso que acredito que também devemos acrescentar *preocupação* ao consentimento e à reciprocidade. A preocupação nos aproxima do cerne da ética de Jesus: amar a Deus e ao próximo como a nós mesmos. Ela nos força a tomar atitudes em prol dos outros. E reposiciona a escolha, colocando-a fora de nosso interesse de uma maneira que o consentimento e a reciprocidade por si só não fazem.

Preocupação significa notar como nosso comportamento sexual nos afeta e também outras pessoas. Eu posso ter um relacionamento mutualmente prazeroso e consensual com alguém, mas se, ao mesmo tempo, estou traindo meu cônjuge, não me preocupei com a pessoa com quem me casei. Se estou passando por uma crise e minha cabeça está desestabilizada, é mais provável que consinta em fazer sexo, quando, na verdade, isso é a última coisa de que preciso. Caso alguém perceba isso e vá para a cama comigo mesmo assim, essa pessoa terá consentimento, mas não estará demonstrando preocupação nem carinho. Incluir preocupação na ética sexual significa enxergar o outro como uma pessoa inteira, não apenas como um corpo receptivo.

A única maneira de demonstrar preocupação verdadeira por nós e pelos outros é *observando*, prestando atenção. Como a filósofa social e mística Simone Weil disse: "A atenção é a forma mais rara e mais pura de generosidade." Eu nos convido a prestar mais atenção em nós e nos outros para criarmos uma nova ética sexual cristã — que não seja baseada em uma lista padronizada de *proibições*, mas na preocupação com o desenvolvimento do próximo.

Proponho uma reforma sexual para aqueles que sofreram. Também a proponho para aqueles que causaram sofrimento, para aqueles que duvidam da minha autoridade e para aqueles que têm certeza de que sabem absolutamente tudo o que Deus pensa sobre sexo. Chegou a hora de jogarmos fora nossas ideias antiquadas e perigosas sobre sexo, corpos humanos e gêneros. Chegou a hora de prestar atenção no que está acontecendo com as pessoas ao nosso redor, com nossos entes queridos, e de nos preocuparmos. E não estou sugerindo que façamos alguns pequenos ajustes; não adianta tentar tampar o Sol com a peneira. Estou falando para botarmos fogo na porra toda e recomeçarmos. Porque chegou a hora.

1

SANCTUS

"Você pode orar por mim?"

A mensagem de texto, acompanhada de um emoji chorando, surgiu na tela do meu telefone enquanto eu entrava no carro para ir até o lugar onde daria um sermão em uma hora. Em resposta, liguei para minha paroquiana Cecilia, sabendo que, considerando a gravidade do texto, ela estaria aos prantos. Enquanto eu entrava na rodovia e desviava dos motoristas lerdos tão comuns em Denver agora que legalizamos a maconha, ela desabafou — não pela primeira vez — sobre sua tristeza desde o término do namoro com seu primeiro parceiro sexual, James. Cecilia tinha 31 anos. E estava arrasada.

Ela faz parte de dezenas de jovens da minha congregação — e de milhões de pessoas no mundo — que foram educados para seguir o "movimento da pureza" evangélico. Cecilia aprendeu que devia "esperar até o casamento", e disseram-lhe que, para agradar a Deus, precisava permanecer pura para seu futuro marido. Como muitas moças (mas não os rapazes, porque, por algum motivo, ninguém exige isso deles), ela tem o "anel da pureza" como prova — um anel que usou durante a adolescência, até os vinte e poucos anos, como sinal de seu compromisso com a santidade.

Incentivar jovens a não transar até o casamento não é novidade, mas, em 1997, Joshua Harris, de 21 anos, filho de um pastor, escreveu um livro chamado *Eu disse adeus ao namoro*, no qual argumenta que não basta evitar chegar aos finalmentes antes do casamento. A *verdadeira* pureza, afirma Harris, exige que você evite até mesmo beijar alguém antes de selar seu casamento no altar com um beijo.*

Porém, para Cecilia, assim como para tantas garotas, esse marido nunca surgiu. E, aos 29 anos, quando deixou o cristianismo conservador para trás e teve seu primeiro parceiro sexual, ela não tinha prática alguma. Não sabia como lidar com o prazer, a paixão, a conexão e a química maravilhosa que tomam conta de nosso cérebro quando tanta pele e emoções são expostas a outra pessoa. Ela achava que estava apaixonada e que duraria para sempre, mas então James a traiu, e o relacionamento acabou.

Cecilia queria perdoá-lo, mas aquele não era o primeiro problema que tinham no namoro. Fora difícil para ela não ficar nervosa quando o namorado contara que tinha um passado sexual. A traição servira apenas para deixá-la mais insegura.

— Nadia, sei que é besteira, mas, de verdade, parecia que James era um especialista, e eu, a aprendiz — disse ela em meio às lágrimas. — Apesar de ele ter tentado me convencer de que isso era besteira, eu me senti tão inferior.

Eu pensei: *Você foi enganada*. A Igreja privou Cecilia de mais de uma década de desenvolvimento sexual. Esse tempo todo, ela deveria estar absorvendo o conhecimento que vem com a

---

* Agora, Harris admite que algumas de suas ideias eram equivocadas e, atualmente, está mais ou menos em turnê pelos Estados Unidos para pedir desculpas. Acesse seu site: www.joshharris.com.

experiência de tomar as próprias decisões, de ter parceiros sexuais, de cometer erros, de se apaixonar.

Escutei enquanto, do outro lado da linha, ela puxava fundo o ar e exalava antes de continuar:

— Minha amiga me deu a ideia de transar com outros caras para tentar me sentir melhor, então fiz isso. Mas ontem à noite fui para a cama com um sujeito aleatório, e foi horrível. Agora me sinto uma bosta, apesar de eu saber que não fiz nada, tipo, *moralmente* errado.

Saí da rodovia e disse a Cecilia que eu concordava. Naquela altura do campeonato, sexo casual provavelmente não seria o melhor caminho para ela se sentir melhor.

— Você se expõe muito com esses encontros — respondi —, então talvez acabe se magoando ainda mais. Agora, já sabe como é — continuei com o coração apertado. — Não há nada de errado em fazer essas coisas.

— Estou tão irritada por ninguém ter me falado disso antes — disse Cecilia, sua voz um misto de decepção e até raiva. — Estou furiosa.

Eu também estava. Mas repeti para ela a mesma coisa que sempre passa pela minha cabeça quando penso sobre aquilo que a Igreja ensina sobre sexo: a irritação é compreensível e necessária, mas sua utilidade é limitada. Aquela era a história dela. Era *dela*. Cecilia poderia aceitá-la e seguir adiante, em vez de ficar empacada. Talvez o passado não tenha sido uma escolha sua, mas ela poderia escolher o *significado* que aquilo tomaria em sua vida.

— Obrigada. A gente se vê na igreja amanhã, e aí, quem sabe, você possa me rezar? — perguntou Cecilia antes de desligar.

No dia seguinte, domingo, eu estava entre a minha congregação enquanto meu colega Reagan presidia a mesa de comunhão. O cheiro aromático da mirra exalava das minhas mãos por eu ter acabado de fazer o sinal da cruz na testa de Cecilia, um momento sensual quando o meu dedão tracejou a testa dela e a fragrância do óleo tomou conta do espaço ao nosso redor. Segurei as mãos de Cecilia, e as lágrimas dela pingaram em minha pele enquanto eu pedia a Deus para guiá-la, lhe dar sabedoria e integrar todas as suas partes — a mental, a espiritual, a sexual e a física —, para que ela se sentisse inteira. Afinal de contas, a palavra grega para salvação é *sozo*, que significa "curar, integrar, preservar". É isso que Deus faz. Ele cura as partes fraturadas de nós e as torna inteiras.

Pouco depois de ungir Cecilia, olhei para Reagan, com seus brilhantes olhos azuis, peito largo e barba rente ao rosto. Ele estava atrás da mesa diante da qual duzentos de nós estavam reunidos para proclamar nossa fé através do pão, do vinho e da música. E ergueu as mãos, cantando:

Com os Anjos e os Santos,
proclamamos a Vossa glória,
cantando numa só voz...

★ ★ ★

A voz de Reagan se transformou em muitas enquanto a harmonia de quatro partes das pessoas reunidas preenchia o espaço que o timbre de um único homem jamais teria penetrado. É impossível cantar a harmonia sozinho. Ela é um som de unidade em meio às diferenças, um som de algo que só é possível quando pessoas distintas se unem. *E pluribus unum.*

*Santo, Santo, Santo,
Senhor Deus do universo,
O céu e a terra proclamam a Vossa glória.
Hosana nas alturas.**

O cheiro de mirra em minhas mãos agora se misturava com o incenso que queimava no altar — o olíbano se elevava para Deus como uma oração —, e pensei nessa santidade sobre a qual cantamos, que a Igreja igualou à pureza, seja ela sexual ou não. Não duvido que o principal motivo para a obsessão pela "pureza" sexual seja, a princípio, nobre: nós queremos ser sagrados, vivenciar a santidade. Mas o que *é* o sagrado?

O sagrado é a união que vivenciamos uns com os outros e com Deus. O sagrado ocorre na união de mais de uma pessoa, quando aquilo que estava quebrado se torna inteiro. Quando cantamos em harmonia. Amamentamos um bebê. Negociamos em conjunto. Dançamos. Quando admitimos nosso sofrimento para alguém e escutamos: "Eu também", como resposta. O sagrado acontece no momento em que nos integramos como seres físicos, espirituais, sexuais, emocionais e políticos. O sagrado é a canção que sempre foi cantada, talvez até o som emitido pela primeira vez quando Deus disse: "Haja luz."

E o sagrado foi minha prece por Cecilia. Porém ele não é algo que conquistamos, criamos ou nos esforçamos para alcançar. Não se trata de nos aperfeiçoarmos. O sagrado é apenas algo

---

* *Deutsche Messe*, de Franz Schubert.

com que nos deparamos por acaso, algo que nos faz imergir em nós e emergir ao mesmo tempo. Ele ocorre naqueles momentos em que estamos maravilhosamente livres de nosso ego, mas, mesmo assim, totalmente conectados com nossa essência e algo mais. Ele está no cheiro da cabeça de um recém-nascido e na exaustão de uma mãe que acabou de dar à luz. O momento durante uma comemoração em que você compartilha um bolo com seus entes queridos, come a primeira garfada, e todos os seus sensores de prazer disparam *Santo, Santo, Santo*. O sagrado é aquela coisa que nos pega completamente desprevenidos e nos deixa sem ar, porque sabemos que nosso isolamento foi interrompido.

E — eu vou insistir neste ponto — quando dois indivíduos que se amam, duas pessoas criadas à imagem e semelhança de Deus, se unem em um abraço erótico, há espaço para algo sagrado. Aquilo que antes estava separado agora se uniu. Dois espíritos, dois corpos, duas histórias que se aproximam tanto que, juntas, se transformam em algo que não poderiam se tornar sozinhas. Existe unidade.

Durante o outono em que comecei a pensar de verdade em todas essas questões sobre sexo e a Igreja, liguei para um amigo próximo. Ele não é cristão, mas lhe perguntei com um nervosismo desproporcional:

— Por que você acha que a Igreja tentou tanto controlar a sexualidade humana durante esse tempo todo?

— Sempre achei que a Igreja encarava o sexo como competição — respondeu ele.

Na mesma hora, eu soube que isso era verdade, pelo menos em parte. O sexo compete com a Igreja. Ele, assim como a religião, é capaz de aliviar a dor da separação. Ele é capaz de domar o medo da insignificância. E de despistar a experiência arrasadora de se sentir incompleto.

Independentemente de percebermos isso ou não, costumamos encontrar formas de aliviar sensações de solidão existencial através da busca pela união. Enchemos nossa vida com coisas que nos distraem do som de nosso isolamento mais profundo batendo na janela. Comida, entretenimento, sucesso, sexo, relacionamentos, negócios, fofocas — há muitas formas de tirar nosso foco da inevitável e aterrorizante solidão da existência humana.

No entanto, existe uma diferença entre *distração* e *alívio*. Momentos de união — do sagrado — realmente aliviam o isolamento, o que é diferente de apenas nos distrair do isolamento. Da mesma forma, fumar cigarros e tomar café nos distrai da fome, porém ela só é aliviada quando ingerimos comida. Temporariamente, é óbvio. Mas é isso o que significa ser humano.

Na religião, em específico, buscamos alívio da solidão existencial através da união com Deus e com pessoas que desejam a mesma coisa. Oramos por nos preocuparmos com os outros. Posicionamo-nos em torno de mesas com pão e vinho. Unimo--nos a anjos e santos, cantando hinos de louvor que ecoam pela eternidade: *Santo, Santo, Santo.*

Certa vez, Reagan me contou que sempre ergue os olhos para o céu quando canta o *Santo, Santo, Santo.* É uma forma de reconhecer que sua voz é uma das milhões que se unem, que estão se unindo e sempre se unirão com os céus para cantar sobre Deus. Isso o faz recordar de que ele é uma criatura dotada de vida e alma pelo sopro do próprio Senhor, sopro esse que ele usa para cantar com os anjos e todos os fiéis. Os limites de seu ser individual desaparecem naquele momento, submersos em uma canção eterna. O sagrado é *isso*.

Quando nos conectamos com o sagrado, acessamos a parte mais profunda e interessante de nosso espírito. Talvez seja por isso que criamos tantos limites, proteções e regras tanto em torno do sexo quanto da religião. Ambas as buscas nos deixam expostos demais, permitindo que sejamos magoados ou curados. Porém, quando os limites, proteções e regras se tornam mais importantes do que o elemento sagrado que eles deveriam proteger, os problemas surgem.

Mas não importa o quanto almejemos a pureza de nossos corpos, mentes, espíritos ou ideologias; a pureza não se iguala ao sagrado. É apenas mais fácil definir o que é puro do que é sagrado, então fingimos que os dois são a mesma coisa.

No fim do século XVIII, o movimento da temperança foi fundado para combater um sério problema social: o consumo excessivo de álcool. A revolução industrial e o aumento rápido da migração faziam com que cada vez mais pessoas morassem em ambientes urbanos abarrotados, causando uma súbita alienação de muitas estruturas sociais já estabelecidas. Essa mudança, junto com um excesso de importação de melaço que permitia que novos tipos de destilados se tornassem amplamente disponíveis, causou um aumento na embriaguez, principalmente entre homens. A bebedeira exagerada destroçava lares e ambientes de trabalho. A violência doméstica e o absentismo acabavam com a saúde e a segurança de muita gente. Então, preocupados, alguns pastores, esposas e mães começaram um movimento para incentivar a moderação no consumo de álcool. Havia uma separação que precisava ser corrigida.*

Porém, com o tempo, como parece ser o caso em todos os movimentos, algo aconteceu — um racha entre moderados e extremistas. Para os últimos, a diminuição do consumo de álcool não bastava — a moderação não era pura o bastante, não tratava os malefícios do álcool como maléficos o suficiente. Então o movimento da abstinência entrou no palco do drama moral norte-americano, argumentando que qualquer quantidade de álcool era maléfica e devia ser evitada simplesmente para o bem-estar dos indivíduos e da sociedade.

Eu fui criada em uma tradição religiosa que proibia qualquer ingestão de álcool — prática que hoje é conhecida como abstemia; o *máximo* que podíamos beber era *chá*. Em inglês, o termo usado é *teetotaler*, que surgiu em comícios organizados por puristas em prol da proibição do consumo de bebidas alcoólicas contra seus colegas moralmente liberais do movimento da temperança. Grandes telas com um *T* maiúsculo de "abstinência total" eram penduradas nos palcos desses encontros, anunciando as crenças dos puristas. Então a origem do termo é um grito de guerra moralista. Mesmo assim, acho muito interessante como o instinto do "não estão indo longe o suficiente" que tantos humanos têm, o instinto da pureza, surge em movimentos e religiões de todos os tipos.

Lógico, há momentos em que seguir o caminho moderado é uma tolice inútil. (Digo isso como alguém que lutou contra o alcoolismo e agora está completamente sóbria há 26 anos; o

---

* De acordo com a série documental *Prohibition*, da PBS, de Ken Burns e Lynn Novick, http://www.pbs.org/kenburns/prohibition.

caminho moderado não serve para mim, e eu sei disso.) Porém fico me perguntando como a história dos Estados Unidos seria diferente se a moderação, em vez da abstinência, tivesse conseguido se firmar. Nós nunca saberemos, porque, em um período de tempo muito curto, tantas pessoas foram contagiadas pela retórica da "moderação não basta" dos abstêmios que o rumo das leis e da história do país permaneceria eternamente marcado por isso. Inclusive, o movimento da abstinência foi liderado por batistas e metodistas, que teriam considerado o próprio Jesus, que vivia bebendo vinho, impuro demais para seu movimento cristão. Eles convenceram os maiores grupos protestantes nos Estados Unidos a se comprometerem com seu movimento de proibição mais puro que a moderação. (Bem, todos os protestantes com exceção dos luteranos, que não quiseram abrir mão de suas cervejas, e os anglicanos, que não viam sentido em uma vida sem xerez.)

A religiosidade do movimento foi impulsionada pelo desejo genuíno de seguir uma vida sagrada que agradasse a Deus. Mas era mais fácil regular a pureza do que a santidade.

E eles regularam mesmo. Não bastou convencer igrejas, pessoas e grupos civis a se abstarem das bebidas alcoólicas. Com o tempo, a pressão se voltou para a educação. O movimento fez questão que livros sobre abstemia fossem lidos em escolas de ensino fundamental em todo o país. Muitos estudantes norte-americanos assistiam a aulas sobre sobriedade várias vezes por semana, nas quais instrutores alertavam que até um gole de bebida alcoólica seria capaz de queimar a garganta e destruir as paredes do estômago. Segundo eles, o álcool provocava surdez e loucura nos filhos daqueles que bebiam, em alguns casos até em netos. Era sabido que beber causava combustão espontânea.

É bizarro pensar nos extremos ao que o movimento da proibição do consumo de álcool chegou — ou talvez não, considerando que essa mesma difusão do medo logo se focaria no sexo. (Tipo, como até beijar sua namorada leva ao sexo, e o sexo fora do casamento causa doenças e morte, então é melhor você esquecer seu passado beijoqueiro.) Porém o álcool se tornou um bode expiatório tão convincente para todos os problemas, injustiças e infrações na sociedade que, um dia, a galera do "não estamos indo longe o suficiente" pensou: "Não basta convencer (quase) todos os grupos protestantes do país, e não estamos satisfeitos em só promover nossa ideologia nas escolas e matar criancinhas de medo... Dane-se, *vamos mudar a Constituição dos Estados Unidos!*"

Eles mudaram a Constituição dos Estados Unidos!

Mas aqui vai o problema com o *T* maiúsculo da abstinência total: quando o país proibiu o consumo de bebidas alcoólicas e instaurou o medo sobre os perigos do álcool em crianças, o resultado não foi um aumento na santidade das pessoas, mas uma cultura de dois pesos e duas medidas, cheia de segredos e hipocrisia. Tenho quase certeza de que o aumento do crime organizado e de mercados paralelos no país durante a proibição da venda de bebidas alcoólicas não teria acontecido se não tivéssemos insistido em uma ideia uniforme de pureza para a nação inteira.

Todos nós queremos permanecer seguros e saudáveis. No entanto, nos Estados Unidos, a indústria do fast-food causa mais malefícios à saúde dos norte-americanos do que a maioria das outras coisas, e, meu Deus, não estou prestes a sugerir que mudemos a Constituição para proibir nuggets de frango. Nem consigo imaginar o tipo de coisa que apareceria no mercado paralelo se tornássemos as frituras ilegais.

O desejo de seguir uma vida santa para agradar a Deus é compreensível, mas também é um caminho cheio de armadilhas. Nossos sistemas de pureza, até mesmo aqueles criados com as melhores das intenções, não nos torna santos.* Eles apenas incluem e excluem as pessoas. São mecanismos para encontrarmos nossa droga favorita: a superioridade moral, como o suco da fruta da árvore do conhecimento do bem e do mal que escorre por nosso queixo. E esses sistemas de pureza afetam bem mais do que nossa relação com o sexo e a bebida; eles aparecem em ideologias políticas, na maneira como as pessoas humilham as outras em redes sociais, na forma como nos obcecamos por "comer bem". A pureza costuma levar ao orgulho ou ao desespero, não ao sagrado. Porque o sagrado se trata de *união*, e a pureza, de *separação*.

Jesus parecia desejar se conectar com as pessoas ao seu redor, não se distanciar. Ele tocava corpos humanos considerados impuros como se fossem sagrados: garotinhas mortas, pessoas com hanseníase, mulheres menstruadas. Seus contemporâneos ficaram com nojo ao ver os discípulos comendo com as mãos sujas, e tentaram humilhar Jesus por causa disso. E ele respondeu: "O que contamina o homem não é o que entra na boca, mas o que sai dela." Jesus seguia as leis, mas não em detrimento de seu povo.

Ele estava sempre ultrapassando os limites do decoro para alcançar as pessoas do outro lado, aquelas que eram prejudicadas

---

* O termo "sistemas de pureza" trata do moralismo com que os cristãos costumam buscar o sagrado, sem se referir de forma alguma a outras religiões e suas práticas.

por esses parâmetros, que foram separadas dos outros: os órfãos, as prostitutas, as vítimas e os abusadores. Jesus se importava com o sagrado real, com a conexão entre o humano e o divino, com a união dos pecadores, com a junção daquilo que tinha sido separado.

Quando penso no sagrado, naquilo que é sensual, corpóreo, livre de pudores e profundamente presente no momento, advindo da união com Deus, penso em uma cena específica do Evangelho em que, bem no meio de um jantar, uma mulher abre um pote de mirra e o despeja aos pés de Jesus. Então, com o cabelo solto, ela limpa os pés dele, misturando suas madeixas, suas lágrimas e sua oferenda nos pés de Deus. A separação entre essa mulher e o Senhor é aliviada nesse momento. O sagrado reuniu todas as partes dela em sua configuração original e divina.

E as pessoas presentes na sala com a mulher e Jesus fizeram aquilo que nós, humanos, costumamos fazer. Elas deram as costas ao sagrado e à intimidade da cena que testemunhavam, acusando Jesus de ser impuro.

Eu pensei nessa história enquanto ungia Cecilia na igreja naquela noite. Pensei na sensualidade transgressiva de uma mulher abrindo um pote de perfume caro, no aroma da mirra preenchendo a sala enquanto suas lágrimas caíam aos pés do Salvador do mundo inteiro.

Santo, Santo, Santo,
Senhor Deus do universo,
O céu e a terra proclamam a Vossa glória.
Hosana nas alturas.

Criação I
A PRIMEIRA BÊNÇÃO

No nosso começo, talvez Deus estivesse um pouco entediado e solitário, então resolveu criar um universo pavoroso de tão vasto, que incluía a Terra. A Terra, nosso pontinho de vida, era apenas um vácuo, um grande vazio muito escuro. Antes da Criação, só havia Deus, então, para criar o mundo, Ele meio que precisou se apertar um pouco. Para criar o mundo, o Senhor escolheu ocupar menos espaço — sabe, para nos dar lugar.

Então, antes de ordenar a Criação do universo, Ele se apertou. Deus queria compartilhar. Como a moça boazinha do metrô que coloca a bolsa no colo para liberar o banco ao lado para você se sentar. Ela não precisava fazer isso, mas é algo que faz parte da sua personalidade: é do feitio da moça boazinha do metrô dar espaço para os outros.

E ela poderia ter criado esse universo do jeito que quisesse — poderia tê-lo criado completamente pronto —, mas, por gostar de jardinagem, preferiu plantar a semente, sabendo que aquilo seria um processo. E as primeiras sementes vieram na forma de duas palavras saídas da boca de Deus.

Haja luz.

Essas palavras cumprem o que prometem. Então, a partir do sopro do Todo-Poderoso, o mundo passou a existir. Pá! Oceanos, terra, céu, Sol, Lua, plantas e seres chamados de répteis de alma vivente.*

★ Gênesis 1:20.

As coisas levaram um tempo para acontecer. Era um processo, um processo estranhamente colaborativo. Em vez de fazer tudo, Deus compartilhou o trabalho com tudo o que criara. Pedindo a terra para gerar a vegetação, e aos mares para gerar os répteis de alma vivente. Deus estava obcecado com a ideia de sementes, elaborando um sistema autossustentável dentro da vida que Ele criava. Como bonecas russas de existência. O interior da vida gera mais vida.

Então o Senhor explodiu de criatividade e criou os animais. Amebas. Galinhas. Cigarras. Orangotangos. E os abençoou, dizendo: "Crescei e multiplicai-vos."

A primeira bênção de todas foi o sexo.

Deus então disse: "Façamos os humanos à Nossa imagem e semelhança."

Espere um pouco... com quem Ele estava falando? Com os animais? Com Jesus e o Espírito Santo? Consigo, na primeira pessoa do plural? É difícil saber.

O Deus-comunidade, o Deus-família, o Deus grupo de amigos, o Deus oposto do isolamento disse: "Façamos isso juntos. Vamos criar a humanidade à Nossa imagem e semelhança. Que eles e Nós nos tornemos um único ser."

Homem e mulher foram criados pelo Divino.

Ele criou cada um de nós à imagem feminina e masculina de Deus. E nos deu algo tão sagrado que jamais poderia ser danificado nem retirado de nós: Sua imagem. Um código-fonte de misericórdia. Um isolamento impossível. Nossa origem e nosso destino: Deus.

2

UM URSO PERSONALIZADO

> Você (cada uma das mulheres) não acredita que é uma Eva? A sentença de Deus sobre seu gênero se perpetua até nossa época, então é necessário que a culpa também permaneça. Foi você quem abriu a porta para o Diabo, quem pegou o fruto da árvore proibida, quem primeiro infringiu a lei divina; foi você quem persuadiu aquele a quem o Diabo não era forte o suficiente para atacar. Com uma facilidade imensa, você destruiu a imagem de Deus, do homem. Devido à sua deserção, isto é, a morte, até o Filho de Deus precisou se sacrificar.
>
> — Tertuliano (teólogo cristão do século II),
> *O vestido das mulheres*

Quando minha filha Harper completou 10 anos, ela montou um urso de pelúcia em uma loja chamada Build-a-Bear (uma rede de lojas de pelúcias customizadas). Custou só uns oitenta dólares.

No dia seguinte, no café da manhã, fiquei observando enquanto ela posicionava seu ursinho azul, que tivera o bom gosto de vestir com uma blusa branca com um coração de pedrinhas brilhantes, na bancada da cozinha. Harper o apoiou na parede, onde ele permaneceu por semanas, acompanhando-a durante as refeições matinais.

Não sei o que faz minha filha se distrair tanto enquanto come cereal. Mas, desde que ela era pequena, eu a observava na cozinha de nossa casinha de tijolos vermelhos, a luz matinal do Colorado refletindo de um jeito desconfortável contra seu rosto, enquanto ela enfiava flocos de milho garganta abaixo e encarava o nada, perdida em seus gloriosos pensamentos de garotinha. Adoro vê-la fazer isso.

Em uma manhã, uma semana depois de montar seu urso de pelúcia, Harper comeu uma colherada de seu cereal e, entre mastigadas, me perguntou o que eram os caroços que cresciam em seu peito. O corpo dela passava pela mudança que todos os corpos em desenvolvimento passam, mas, mesmo assim, fiquei com medo. Minha filha tinha 10 anos, e nem sempre as coisas vão bem para meninas que desabrocham cedo. Ter um corpo feminino é viver em risco, e fiquei apreensiva pelo corpo infantil com coração de pedrinhas brilhantes de Harper.

O ano em que um homem adulto se masturbou diante de mim e outras duas garotas em uma loja de doces em Colorado Springs foi o mesmo ano em que beijei um menino pela primeira vez. Eu tinha 12 anos.

O corredor de nossa recém-construída igreja ainda exalava aquele cheiro de carro novo de cola de carpete e esperança. O carpete só tinha alguns meses quando parei sobre ele em 1981, as costas apoiadas no drywall cinza texturizado, com o filho do pastor pressionado contra mim, o aroma de seu hálito e do corredor se misturando em minhas narinas.

Pela primeira vez na vida, um garoto prestava atenção em mim. Um garoto! Aquela espécie distante e poderosa. A classe dominante, os eternos figurões, aqueles para quem tudo existia. Inclusive eu.

A vida de uma menina cristã no começo da década de 1980 em Colorado Springs se resumia a saber muito sobre seu lugar no mundo, a ordem das coisas, sua posição na sociedade e seu valor. Fora da Igreja, a sociedade norte-americana começava a discutir igualdade — até permitindo que mulheres tirassem cartões de crédito no próprio nome! —, mas a comunidade em que fui criada ainda preferia que as mulheres continuassem em seu devido lugar. A desculpa era a de que a história do Jardim do Éden, nossa origem, exigia isso.* É difícil dizer que algo é uma ladainha machista quando todas as figuras de autoridade na sua vida afirmam que aquilo, segundo a Bíblia, é a "vontade de Deus".

Eu aprendi que, quando Eva saiu da costela de Adão, começou a vida cheia de gratidão por poder ajudá-lo. Ela nunca fez parte de um "nós", nunca foi um "eu". Deus a deu de presente para Adão, como uma noiva por encomenda. O único propósito de Eva era seu companheiro.

E, agora, como uma menina magricela de 12 anos que recebia atenção de *um garoto*, eu também tinha um propósito. Eu era digna. Finalmente seria a Eva de um Adão.

Normalmente, eu costumava ser vista pela igreja ao lado de Christie Waters e Charlotte Perkins, duas das meninas

---

* Como prova da importância da interpretação da história do Jardim do Éden, o *Malleus Maleficarum* (*O martelo das feiticeiras*), um documento do século XV, se baseia profundamente em Gênesis 3 e ofereceu a principal justificativa teológica da Inquisição para perseguir mulheres como bruxas. Nas décadas após sua publicação, milhares de mulheres foram executadas.

mais bonitas da congregação, que andavam comigo por eu ser engraçada e uma boa ouvinte. Christie tinha um cabelo louro perfeitamente esvoaçado e usava blusas de gola rulê estampadas com coraçõezinhos, estrelinhas ou barquinhos, sob suéteres de cores chamativas. E então havia Charlotte. Ela era tão bela e boazinha. Pele cor de oliva, gentil, com um corpo surpreendentemente curvilíneo para uma menina de 12 anos. É óbvio que eu invejava as duas.

A aparição tardia das minhas curvas se tornou ainda mais estressante pela minha recente magreza.* Eu era desengonçada, ossuda e tinha um humor ácido. Então, enquanto Charlotte e Christie recebiam todas as atenções, eu zombava dos garotos que as bajulavam, até o dia em que alguém focou em mim.

Um bilhete de Alan, o filho mais velho do pastor, surgiu no meu colo. Parei de fingir ler o sermão por tempo suficiente para olhar ao redor e me certificar de que o recado não era para Charlotte ou Christie. Apontei para mim mesma, na dúvida. Alan sorriu e concordou com a cabeça.

"Oi", dizia a mensagem.

"Oi", respondi cautelosa.

Por três semanas emocionantes, Alan só tinha olhos para mim. Ele me passava bilhetinhos dobrados enquanto estávamos sentados nos bancos de estofado bege com os outros jovens da igreja, tentando aguentar o sermão de quarenta minutos. Durante o culto, além de nossas Bíblias, só podíamos mexer nos cartões de pedido de oração (CPOs, como os chamávamos) e nos lápis acomodados na prateleira do banco diante de nós.

---

* Devido a uma doença autoimune, a doença de Graves, sobre a qual falei em *Pastrix: The Cranky, Beautiful Faith of a Sinner and Saint* (Nova York: Jericho Books, 2013).

Fazíamos desenhos nos CPOs, os dobrávamos em aviõezinhos, passávamos bilhetes rabiscados neles. Aquele era nosso único recurso, um maná sem graça, mas nos bastava.

Eu me tornei extremamente ciente do lugar em que Alan se sentava na igreja, dos momentos em que ele olhava na minha direção. Como o plano de fundo de uma foto com um único foco, tudo ao seu redor começou a embaçar. Um dia, ele se sentou ao meu lado e fez um carinho rápido na minha mão durante a prece. Devagar e com delicadeza, seus dedos roçaram meu tríceps magrelo, fazendo tudo dentro de mim ressoar como um sino.

Sempre que eu me arrumava para a igreja, me perguntava qual vestido Alan iria preferir. Também pensava na aparência de Charlotte em seus vestidos de domingo e em como eu queria ter um corpo mais feminino. Eu jamais tinha pensado em outra pessoa enquanto decidia o que vestir. Antes, roupas não eram algo importante para mim, mas, agora, meu guarda-roupa, meu cabelo e minha pele tinham um propósito: era com base neles que eu seria avaliada como digna de desejo, a maior qualidade que as garotas poderiam ter ao seu dispor. Nós não éramos incentivadas a virar líderes nem éramos elogiadas por nossa coragem. Só precisávamos aprender a tirar vantagem da nossa beleza. Com exceção de, talvez, bondade e calma, essa era a única coisa que tínhamos a nosso favor.

Naquele mesmo ano, Charlotte, Christie e eu, junto com outras meninas de 12 e 13 anos, íamos à igreja todas as noites de terça para assistir às aulas de Charme Cristão. As mulheres da congregação passavam uma hora por semana nos instruindo em assuntos importantes, como esmaltes, postura, como nos sentar, como e quando falar, quais cores combinavam mais com a gente, como se maquiar etc. Elas tiravam nossas medidas antes e depois do curso de dez semanas, analisando nosso progresso em perder peso com a tabela de calorias no nosso livro-texto *Christian Charm* [Charme cristão, em tradução livre]. (A tabela ficava na folha oposta ao cronograma de leitura da Bíblia, um detalhe muito útil.) "A feminilidade", explicava o livro, era minha "maior glória: pureza, um coração imaculado, doçura, tranquilidade, modéstia, castidade, recato".

Blusas decotadas não eram permitidas na sala de aula. Nada sugestivo. A mensagem constante era: "Os rapazes são estimulados pelo que veem. Vocês devem ajudá-los a não se entregar à luxúria." Ao mesmo tempo, aprendíamos que devíamos nos embelezar o máximo possível. *Garotos gostam de beleza. Mas não seja sensual. A menos que seja casada. Nesse caso, sensualidade não é problema. Desde que só para o seu marido.*

E não se esqueça de cultivar aquele comportamento tranquilo.

Penso nessas aulas com um misto de aversão e carinho. Nossas professoras perpetuavam um sistema terrível de submissão feminina e dominação masculina. E, mesmo assim, se nós, garotas, tínhamos apenas uma única coisa valiosa, talvez as mulheres mais velhas também estivessem sendo generosas e protetoras ao nos ensinar como tirar o máximo de vantagem dela. Como uma das meninas que mais precisava de ajuda — depois de tirar a menor nota da turma no teste "Qual é a minha escala de feminilidade?" do nosso livro-texto[*] —, eu ficava grata pelas orientações. Meus comentários sarcásticos sobre os garotos que prestavam atenção nas minhas amigas mais bonitas e curvilíneas eram apenas um disfarce para ofuscar a inveja desesperada que

---

[*] Minha revista em quadrinhos favorita, *Bitch Planet*, de Kelly Sue DeConnik, usou esse mesmo livro-texto como fonte para seu *Manual de Obediência*. Acesse: https://imagecomics.com/comics/series/bitch-planet.

eu sentia delas, por serem ricas de beleza. Eu queria que me achassem tão bonita quanto as duas, queria ser merecedora do desejo dos outros. Ainda quero.

Naquele verão, Christie, Charlotte e eu fomos a uma loja de doces no shopping em busca de barras de chocolate e alcaçuz, mas ela estava fechada. Enquanto ficávamos paradas lá, apertando os olhos contra o Sol de julho, tentando pensar no lugar mais próximo para comprar doces, Christie disse baixinho:

— Hum, gente...

Ela apontou para o canto do pátio.

No começo, não entendi o que estava vendo. Por que aquele homem estava de sobretudo em um dia tão quente? Então eu vi. Olhei para minhas amigas. Elas tinham visto também. Ficamos paralisadas por um bom tempo, sem saber o que fazer, antes de voltar correndo para casa, sem saber se o homem nos seguiria. Suor e hidratante com cheiro de bebê faziam meus olhos arderem enquanto meus tênis da Nike acertavam o pavimento.

Naquele dia, tive a sensação de que havia algo errado com meu corpo. Era parecido com o nervosismo que senti quando recebi o primeiro bilhete de Alan, só que mais intenso e cáustico. Como se um desconhecido tivesse prendido algo dentro de mim ao me mostrar uma parte de seu corpo que eu jamais queria ver.

— O que vocês *disseram*? — perguntou minha irmã mais velha, Barbara, mais tarde, quando lhe contei o que aconteceu.

Nós estávamos sentadas em sua velha cama com o colchão cheio de calombos, e tentei parecer mais experiente do que era, como se aquilo fosse bobagem.

— Nada — respondi, fazendo a sensação se intensificar ainda mais.

* * *

"Encontre comigo no corredor, na frente da sala da quarta série, depois da última prece", dizia o último bilhete de Alan. E, mais tarde, no caminho para casa, depois que o encontrei no corredor e ele me pressionou contra a parede, eu ainda conseguia sentir o gosto salgado da sua boca na minha.

Todos os assentos em nossa perua da Chevrolet estavam cheios no caminho de volta para casa, o que era normal. Na igreja, minha mãe convidava todos os cadetes da Força Aérea que conseguisse encontrar para comer lasanha e passar o domingo na nossa casa. Meu pai fazia parte do corpo docente da academia, e os dois lideravam o ministério dos cadetes da igreja, então nossa mesa de jantar vivia cheia de universitários arrumadinhos e muito educados, geralmente rapazes.

Naquele dia, no carro, meu corpo magricela de 12 anos estava espremido entre dois cadetes no meio do banco de trás enquanto um terceiro dirigia. Eu sentia o gosto de Alan na boca, e minha transgressão secreta era quase palpável. Será que os rapazes ao meu lado sabiam o que eu tinha acabado de fazer? Era impossível pensar em qualquer coisa além de Alan; tudo mais havia desaparecido. Um garoto tinha pressionado os lábios contra os meus. Eu tinha conseguido. Eu o atraíra. Ele me considerava digna.

Então eu não prestava atenção na conversa dos cadetes, perdida no gosto de um garoto, quando o nome da minha amiga me trouxe de volta à realidade.

Do banco da frente, escutei o motorista comentar em um tom despreocupado:

— Charlotte virou uma moça bem... avantajada.

Os outros rapazes no carro concordaram com a cabeça, rindo, e trocaram olhares maliciosos.

— Sem dúvida — acrescentou o cadete à minha direita.

Nem imagino como os seios de outra garota de 12 anos viraram o foco da conversa nem por que isso era considerado aceitável. Só sei que o corpo bonito e prematuramente curvilíneo de minha amiga Charlotte estava sendo analisado, discutido e avaliado por quatro homens enquanto eu estava sentada ao lado deles e tentava parecer recatada e tranquila, fingindo que não escutava nem me importava. Mas eu não me sentia assim. Quando escutei homens adultos conversando sobre o corpo de Charlotte em um tom muito diferente do que provavelmente usariam ao falar do meu, senti uma mistura desconfortável de nojo com inveja. Cruzei os braços sobre meu peito reto.

Quando chegamos, subi a escada curta de nossa casa construída na década de 1960 e vomitei na minha lata de lixo levemente enferrujada com estampa de boneca.

Trinta anos depois, quando minha filha de 10 anos me perguntou o que eram os caroços que cresciam em seu peito, continuei observando enquanto ela voltava a comer seu cereal, no mundo da lua. Porém, naquele dia, ela parou por um instante e encarou seu urso azul-claro sem piscar. Então se levantou, pegou duas folhas amarelas de Post-it de um bloco na mesa de canto, amassou-as em duas bolas e as posicionou sob a camisa branca do urso reluzente, uma à direita, outra sob o coração de pedrinhas, à esquerda. Então sentou de novo e terminou seu cereal, sem dar uma palavra.

Quando o corpo começa a se desenvolver, especialmente quando isso ocorre cedo, as meninas passam a ser associadas a um valor que provavelmente ainda não desejam e que com certeza não compreendem. Elas permanecem sendo crianças, mas, de repente, e por culpa de fatores externos, se tornam objetos a serem inspecionados e desejados. Infelizmente, muitas das minhas amigas que se desenvolveram cedo eram chamadas de piranhas.

Naquela manhã na minha cozinha, entrei em pânico. Fiquei com medo de que Harper logo passasse a integrar o grupo de mulheres que vieram antes dela, se tornando alvo do desejo ou do desdém dos outros. Mas eu não queria que o corpo da minha filha entrasse naquele sistema de seleção sobre o que era merecedor de atenção. Eu queria que ela permanecesse livre, sem prestar atenção na sua atratividade, sem temer comentários maldosos ou assédio, sem se preocupar com olhares masculinos. Eu queria que ela relaxasse na dignidade de seu corpo, que se sentisse à vontade nele, aceitando-o como um presente de Deus.

E enquanto eu era tomada por esses medos e essas esperanças, observando-a dar seios minúsculos para um urso de pelúcia, pensei na minha amiga Charlotte pela primeira vez em trinta anos, talvez. Peguei o celular, abri o Facebook, digitei "Charlotte Perkins" no campo de busca e descobri que ela falecera de câncer de mama aos 38 anos.

Enquanto escrevo este livro, os Estados Unidos passam por uma revolução, ou o que eu chamaria de apocalipse do movimento feminista #MeToo.

Em grego, a palavra *apocalipse* significa "descobrir, descascar, revelar o que está por baixo". A forma como alguns homens comentam, ameaçam, intimidam, atacam e se masturbam diante de corpos femininos finalmente está saindo da ubiquidade sombria da experiência pessoal das mulheres e sendo exposta em discursos públicos. Todos os dias, as mulheres sofrem inúmeros atos de dominação masculina. Quando somos forçadas a rir de piadas pornográficas feitas por homens no ambiente de trabalho para não sofrer repercussões sociais ou profissionais, isso é um ato de dominação. Quando um homem cresce em cima de uma mulher, tomando seu espaço pessoal, lhe explicando algo que ela já sabe, ele a lembra fisicamente de como seria fácil dominá-la; é um aviso de que ela deveria permanecer em seu devido lugar. Quando um homem encurrala três garotinhas diante de uma loja de doces, abre o casaco e se masturba diante delas, não se trata tanto de um ato de malícia sexual, mas de poder. O que deixou aquele homem ereto foi sua declaração de dominação.

O canto do adesivo de nossa cultura soltou, e, agora, pelos de gato e poeira grudaram sobre ele; é impossível grudá-lo de novo. Acho que o ideal seria puxar esse canto, mesmo que seja doloroso.

Se pensarmos o máximo que conseguirmos suportar sobre esse assunto, vamos descobrir que, no seu âmago, está a heresia. Friedrich Schleiermacher, filósofo do século XIX, define *heresia* como "aquilo que preserva a *aparência* do cristianismo, mas contradiz sua *essência*".*

A heresia a que me refiro é a seguinte: em todas as armadilhas do cristianismo do passado, aqueles que tentaram justificar ou manter sua dominação sobre outros grupos de pessoas historicamente usaram a Bíblia, em específico o Gênese, para provar que esse domínio não se trata de um abuso de poder à custa do próximo, mas que é, de fato, parte do "plano de Deus".**

O Gênese é uma história sobre origens, e cada cultura tem a sua. Essas histórias nos contam como o mundo começou, de onde viemos e outros fatos importantes, como por que cobras não têm pernas. É fácil achar que conhecemos cada vírgula da própria história, mas o relato sobre o Jardim do Éden contado no Gênese é nitidamente livre de vários elementos que foram inseridos mais tarde na crença dominante. Por exemplo, não há qualquer menção ao pecado original, a "uma queda da graça", ao Diabo ou à tentação. E não existe nenhuma maçã no meio.

No entanto, existe um motivo para pensarmos em pecado original, maçãs, tentação e uma queda da graça quando falamos sobre o Gênese. Isso acontece porque um cara chamado Agostinho interpretou a história assim.

Agostinho era um bispo e teólogo norte-africano do século IV cujos escritos têm profunda influência nos pensamentos cristãos até hoje. O mundo ao seu redor estava mudando, e ele

---

* E aí temos a aparência do cristianismo (versículos da Bíblia e falas de Deus) entrando em contradição com sua essência (ame a Deus e ame ao próximo como a si mesmo).
** Outros sistemas de dominação que foram defendidos como o "plano de Deus" pelos seus beneficiados incluem: escravidão, segregação e seu equivalente moderno, o encarceramento em massa.

também, então, como muitos de nós, o bispo procurou orientação nos Textos Sagrados. Sua versão da história do Jardim do Éden é a seguinte: o Senhor criou o paraíso para os humanos, mas Eva ferrou todo mundo quando resolveu provar uma fruta que Deus proibira de ser comida, e isso causou a queda da graça. Então, agora, toda a humanidade foi amaldiçoada, e o suposto pecado original meio que se tornou uma... sei lá, uma doença sexualmente transmissível. De acordo com Agostinho, todas as pessoas nascidas após Eva herdaram o pecado original, então é essencial que os homens sejam dominantes — controlando as mulheres para que elas não ferrem de novo a humanidade.

É importante saber, conforme analisamos a origem das crenças da Igreja sobre sexo, corpos e gêneros, que a teologia e a interpretação bíblica de Agostinho estavam enraizadas em sua vergonha. Ele se sentia envergonhado por suas peripécias sexuais e se arrependia de seu comportamento libertino antes de se converter ao cristianismo.*

Supostamente, a vergonha de Agostinho ganhou força quando, durante a adolescência, ele teve uma ereção em uma casa de banho pública. Humilhante, sim. Mas Agostinho ficou tão obcecado com a vergonha de não conseguir controlar o próprio pênis que passou uma década escrevendo um tratado teológico. Nele, seu objetivo era provar que a principal vantagem do paraíso antes da queda era que Adão só ficava ereto por vontade própria. E então Eva tinha estragado tudo.

Fico com pena dele. Agostinho, como todos nós, tinha *problemas*. E seria mais do que compreensível que descontasse suas

---

* "How St. Augustine Invented Sex", de Stephen Greenblatt (*The New Yorker*, 19 de junho de 2017).

preocupações em um projeto criativo de interpretação bíblica. Era um direito dele, como de todos nós.

Todavia, devemos parar de confundir as questões psicológicas de Agostinho, as nossas, as dos nossos pastores e a de nossos pais com a vontade de Deus. Porque, apesar de muitos dos ensinamentos do bispo terem sido reverenciados por gerações, quando se trata de suas ideias sobre sexo e gêneros, o sujeito basicamente "cagou no pau", e a Igreja se apegou ao conceito. Porém, em vez de perceber que aquilo tudo se tratava dos traumas pessoais de um único cara, nós partimos do pressuposto que era uma mensagem de Deus. Ignoramos o impacto prejudicial que esses ensinamentos têm em pessoas reais e a forma como contribuem para os abusos sexuais que são cada vez mais divulgados. Porque, no fim das contas, o motivo por trás da maioria dos assédios e delitos sexuais é a dominação masculina, o tipo de coisa que a religião frequentemente afirma tratar-se da "vontade de Deus".

A interpretação da história do Éden por Tertuliano, outro dos primeiros teólogos mais influentes da Igreja, era a de que as mulheres destruíram a *imago dei* — a imagem de Deus — nos homens. Ele também acreditava, como a citação no começo deste capítulo indica, que somos culpadas pela morte de Jesus. Por conta disso, escreveu que é a "vontade de Deus" que os homens nos dominem.

E é por causa dessas coisas que fico feliz com nosso apocalipse atual. Como mãe de uma jovem (agora) adolescente, agradeço por esse momento de revelações culturais, porque precisamos enxergar até que ponto chega a heresia da dominação masculina.

E como mãe de um rapaz adolescente, sinto que precisamos analisar as maneiras pelas quais a heresia da dominação masculina também prejudicou os homens.

Recentemente, um amigo me surpreendeu com uma cópia do *Man in Demand* [Homem em demanda, em tradução livre], o equivalente masculino do livro-texto *Christian Charm* para garotas, escrito pela mesma autora (junto com seu marido, é lógico). Eu não fazia ideia de que algo assim existia, mas ali, em suas oitenta páginas ridiculamente ilustradas, estavam as instruções para a masculinidade. Página após página, dedicadas a desenvolver confiança e aprender o plano de Deus para sua vida, plano esse que incluía ter modos impecáveis, um caminhar confiante e um corte de cabelo masculino. Comecei a entender por que, em tantas conversas que tive com homens da minha paróquia, gays ou heterossexuais, eles expressavam vergonha por simplesmente ser quem eram: criativos demais, tranquilos demais, quietos demais. Não dominantes.

Mas não estou satisfeita em apenas listar o mal que esses ensinamentos religiosos causaram e deixar as coisas por isso mesmo. Essas histórias de origem são *nossas*. E se a Igreja as usava para justificar os danos causados, vamos usá-las agora para nos curar. Se aqueles que vieram antes de nós procuraram no Gênese uma justificativa para a dominação, também podemos consultá-lo para justificar o oposto: a dignidade.

O Gênese diz:

Deus criou a humanidade à Sua imagem,
à imagem de Deus a criou;
homem e mulher os criou.

Todos os seres humanos foram criados à imagem e semelhança masculina e feminina (não masculina *ou* feminina) de Deus, e Ele chegou até a ter um corpo humano e andar entre nós como Jesus.

Acredito que isso seja o que nos permite rejeitar por completo a dominação e insistir no seu oposto: a dignidade.

Por sermos condutores da imagem de Deus, devemos insistir em determinarmos por conta própria o que fazer com nosso corpo, nosso prazer e nosso coração, assim como insistir que os outros também o façam por si. Isso nos permite denunciar e nos defender de assédios, de abusos, da objetificação sexual de crianças e de todas as coisas que comprometem a dignidade inerente dos corpos humanos.

A dignidade, a qualidade ou o estado de ser digno, nos acompanha desde nossa origem. Ela não é criada por nossos esforços. Na Igreja, muitos aprendem que garotas só se tornam merecedoras de atenção quando são bonitas e quietas, e garotos, quando são confiantes e bons líderes; tentamos adaptar nossos temperamentos, comportamentos, pesos, cortes de cabelo, expressões faciais e personalidades ao formato que pensávamos ser o que agradava Deus.* Como se fôssemos capazes de aprender aquilo que já nos foi dado.

A interpretação flácida de Tertuliano sobre a Criação está errada em algo muito básico: a *imago dei* não pode ser ferida, que dirá aniquilada. Que visão fraca de Deus, sugerir que a Sua imagem poderia ser destruída. Sinto muito, Tertuliano, mas as mulheres não são tão poderosas assim. Nem os homens. Nem o sistema de dominação masculina e assédio sexual, nem uma aula em que garotas de 12 anos precisam tirar suas medidas e aprender a permanecer em silêncio.

---

* Os livros-texto *Man in Demand* e *Christian Charm* incluíam páginas dedicadas a expressões faciais, cortes de cabelo e posturas cristãos.

Qual é a minha escala de feminilidade?

Será que tenho mais qualidades "femininas" do que "não femininas"? (Marque na lista a seguir)

ESTES ACABAM COM A FEMINILIDADE - ESTES AUMENTAM A FEMINILIDADE

- ☐ Um corpo grande, flácido —————— Um corpo esbelto, disciplinado ☐
- ☐ Preguiça —————— Vitalidade ☐
- ☐ Aparência desleixada —————— Higiene diligente ☐
- ☐ Roupas masculinas —————— Roupas delicadas, bonitas ☐
- ☐ Estilo mais maduro, ousado —————— Estilo mais juvenil, de moça ☐
- ☐ Decotes reveladores —————— Trajes modestos ☐
- ☐ Roupas exibicionistas —————— Roupas discretas, conservadoras ☐
- ☐ Maquiagem chamativa —————— Maquiagem "natural" ☐
- ☐ Corte de cabelo masculino, curto —————— Cabelo longo, macio, limpo ☐
- ☐ Rosto sério —————— Sempre sorridente ☐
- ☐ Cheiro de cigarro —————— Fragrância delicada ☐
- ☐ Dedos sujos —————— Mãos limpas, bonitas ☐
- ☐ Fumar cigarro —————— Abster-se do tabaco ☐
- ☐ Consumo de álcool —————— Abster-se do álcool ☐
- ☐ Contar piadas impróprias —————— Discurso "limpo" ☐
- ☐ Ler livros eróticos —————— Viver com pensamentos puros ☐
- ☐ Passos desajeitados —————— Passos belos, graciosos ☐
- ☐ Ficar esparramada na cadeira —————— Sentar-se de forma elegante ☐
- ☐ Postura curvada —————— Postura de rainha ☐
- ☐ Falar alto —————— Falar baixo, em tom gentil ☐
- ☐ Voz rouca, grave —————— Tons vocais agradáveis ☐
- ☐ Gírias —————— Vocabulário refinado ☐
- ☐ Fofocas maldosas —————— Uma língua bondosa ☐
- ☐ Palavrões e xingamentos —————— Atitudes reverentes ☐
- ☐ Tendência a ser brigona —————— Postura pacífica ☐
- ☐ Comportamento explosivo —————— Autocontrole ☐
- ☐ Atitudes dominadoras —————— Levar em consideração os sentimentos dos outros ☐
- ☐ Brutalidade grosseira —————— Tranquilidade de uma dama ☐
- ☐ Falsa sofisticação —————— Sinceridade e naturalidade ☐
- ☐ Guardar rancor —————— Perdoar e esquecer ☐
- ☐ Exibicionismo —————— Dignidade e respeito por si mesma ☐
- ☐ Ações indecorosas —————— Integridade inquestionável ☐
- ☐ Ser "fácil" —————— Honra e virtude ☐
- ☐ Pessimismo —————— Otimismo ☐
- ☐ Arrogância e vaidade —————— Autoconfiança modesta ☐
- ☐ Falta de castidade —————— Pureza sexual ☐

NÃO, ELA NÃO É UM GAROTO!
(Só escondeu suas qualidades femininas.)

TOTAL _____   TOTAL _____

Hunter, Emity. Christian Charm Course. *Eugene: Harvest House, 1985.*
Usado com autorização da Harvest House.

3
ESTA PORRA É DE GRAÇA

> O cerne do True Love Waits [O amor verdadeiro espera] é uma promessa pessoal, bíblica, a Deus de manter abstinência sexual a partir deste momento até o dia do casamento... Os alunos que escolhem seguir uma vida de acordo com o projeto de Deus sentem a alegria que Ele pretendia. Aqueles que seguem outro caminho sofrem as consequências naturais de suas decisões: culpa, doenças, corações partidos, términos de relacionamentos, crianças feridas, depressão e até morte.
>
> — Richard Ross, *True Love Waits Study Bible*

A House for All Sinners and Saints só tinha dois anos quando Stuart, a drag queen da igreja (Shirley Delta Blow), sugeriu o que seria a melhor campanha congressional de pastorado de todos os tempos.

Um pequeno grupo estava sentado na sala da minha casa, discutindo como seria o pastorado da HFASS. Tecnicamente, o termo "pastorado" se refere às responsabilidades do pastor, porém, na prática, é apenas um código para angariar fundos para a igreja. Nós não sabíamos exatamente como seria nossa campanha, mas sabíamos que não gostávamos da maneira como a maioria das congregações fala sobre dinheiro.

Enquanto conversávamos sobre isso, Stuart exclamou:

— Ah, já sei!

Todos o encaramos, curiosos com a ideia.

— Vamos fazer camisas — sugeriu ele com sua alegria de sempre. — Na frente, vamos estampar: "Esta porra não é de graça." E nas costas, vamos dizer: "Então paga o *dízimo*, amada!"

Quando todos finalmente recuperaram o fôlego depois de tanto rir em torno da minha mesa de centro, comendo batatas fritas e guacamole, começamos a conversar com sinceridade sobre os sermões manipuladores que já tínhamos escutado para dar dinheiro à igreja. Contei que um pastor na Igreja de Cristo que eu frequentava na juventude dava um sermão anual sobre a parábola dos talentos. O sujeito deixava a congregação inteira apavorada ao alegar que todo nosso dinheiro pertencia a Deus, e que, se Ele voltasse no fim do mundo e descobrisse que não tínhamos devolvido o que era Seu (o que significava dar para a igreja), então basicamente sofreríamos algum castigo indefinido.

Agora que me distanciei daqueles sermões pesados, passei a valorizar a prática espiritual da generosidade. Também comecei a me perguntar se a parábola pode nos ajudar com a questão da "pureza" sexual.

A parábola dos talentos (Mateus 25:14-20) é mais ou menos assim. Um ricaço doa uma fortuna imensa ("talento" se refere a uma quantia *enorme* de dinheiro, e não, como seria fácil de presumir, à capacidade de fazer malabarismo ou sapateado). Ele divide o tesouro entre três criados antes de partir em uma viagem. E acho esse detalhezinho interessante: o homem dá uma quantia diferente para cada um, de acordo com suas habilidades (*dynamis*, em grego, que significa "força" ou "capacidade"), o que, para mim, é prova de que as pessoas são diferentes.

Os dois primeiros criados encaram a situação de forma positiva, investem o dinheiro e melhoram de vida. Mas o terceiro faz algo muito diferente, principalmente porque tinha uma visão problemática do patrão. Apesar de a doação daquele tesouro ser de uma generosidade imensa, o criado morre de medo do ricaço, presumindo que ele será agressivo e o castigará. Na sua cabeça, o tesouro não é um presente, mas uma armadilha.

Então, com medo demais para tomar decisões, com medo demais para se arriscar, o terceiro criado cava um buraco e enterra o dinheiro. Em vez de usar o presente para descobrir como a própria força, capacidade e habilidades poderiam evoluir com aquela ajuda, ele esconde o que lhe foi confiado, amedrontado.

O patrão retorna e dá parabéns aos dois primeiros criados pelo que fizeram com sua doação, e os dois "adentram o júbilo do senhor". Porém, ao saber que o terceiro escondeu o talento por medo, ele fica furioso. O resultado: trevas exteriores. Lamúrias. Dentes rangendo.

— Eu me lembro de escutar um monte de sermões sobre essa parábola — contei às pessoas na minha sala de estar naquele dia. — Parecia que o pastor queria passar uma imagem assustadora do julgamento de Deus para aumentar os dízimos.

(Assim que a palavra "dízimos" saiu da minha boca, Stuart acrescentou: "Amada!")

Nós caímos nesse tipo de manipulação porque dinheiro costuma ser um assunto que nos causa medo. Medo de não termos o suficiente, de jamais termos o suficiente para conquistar aquela aposentadoria livre de preocupações e trabalho que nos foi prometida pelo sonho norte-americano, medo de perdermos as economias de uma vida inteira com um único diagnóstico de câncer. Mas o dinheiro também causa vergonha. Vergonha por ser pobre, vergonha por ser rico, vergonha por doar pouco para instituições de caridade, vergonha por quanto gastamos com café, vergonha por nossas dívidas. Quanto mais medo e vergonha sentimos por uma coisa, mais manipuláveis nos tornamos — pela cultura, por propagandas e especialmente pela Igreja.

Para muitos de nós, o sexo também é carregado de medos e vergonha. Medo de rejeição, medo de solidão, medo de nunca encontrarmos um amante. Medo de expor uma parte machucada de si após um abuso. Medo de ser livre e desinibido. E então há a irmã sorrateira do medo, a vergonha. Vergonha por ser jovem demais para ser tão ativo sexualmente. Vergonha por continuar sendo virgem aos 30 anos. Vergonha por não ter uma vida sexual com o marido. Vergonha por não querer transar com o tipo de gente que a religião diz que devemos desejar. Vergonha por não se interessar por sexo. Vergonha por querer sexo o tempo todo.

Como acontece com o dinheiro, há um milhão de maneiras de transformar esse presente em uma maldição.

Recentemente, no Annie's Café, na Colfax Avenue, em Denver, testei com Sara e Tim, membros da minha paróquia, um termo novo para mim. Tim tem a pele clara e lisa, e adora ciclismo, enquanto Sara, confeiteira, tem olhos castanhos enormes e bochechas redondas que a fazem manter o rosto de criança. Os dois foram criados como evangélicos conservadores, têm 29 e 31 anos, e estão casados há três complicados anos.

— Vocês já ouviram falar do pastorado, certo? — perguntei de repente enquanto analisávamos o cardápio. — Estou pensando em fazer um pastorado *sexual*. Seria esquisito?

— Não — respondeu Tim sem nem erguer os olhos do cardápio. — Gostei.

Nós passamos um tempo conversando sobre trabalho e família antes de a comida chegar, e então perguntei o que a Igreja tinha lhes ensinado sobre sexo e como isso os afetava. Tim e Sara explicaram que foram orientados a seguir um plano tipo "tamanho único" sobre como namorar e noivar.

Era mais ou menos assim: se você namorar alguém (do sexo oposto, é óbvio), não pode ir "longe demais" no quesito sexo. O plano parece simples na teoria, mas, na prática, pode ser confuso. Quanto é "longe demais"? Ninguém parece saber a resposta exata. Então, namoros se transformam em um cabo de guerra constante entre desejos e medos. Botões são abertos e rapidamente fechados depois que a consciência pesa. Partes do corpo são tocadas e logo abandonadas, como um vampiro fugindo de alho. O medo de decepcionar Deus e entes queridos faz com que muitos casais cristãos não casados resistam à atração sexual natural que sentem um pelo outro.

Apesar das lições confusas que Tim e Sara receberam, os dois começaram o casamento confiantes de que tinham "obedecido" a Deus, que tinham seguido o plano. Mas, agora, aquilo parecia não ter sido a melhor ideia. O que eles aprenderam não estava — não está — dando certo.

Para Sara, no começo, o sexo era extremamente doloroso, enquanto para Tim, extremamente frustrante. Os dois se sentiam desconfortáveis, irritados e confusos, alternando entre culpar a si e um ao outro. Disseram a eles que, se seguissem as regras, teriam uma vida sexual mais maravilhosa e excitante do que os casais que transavam antes do casamento. Aquele tipo de sexo era melhor porque era puro. Porém, depois do casamento, os dois descobriram que tudo era mentira. A experiência fora uma decepção completa.

— Eu fiz tudo certo. Fui comportada — explica Sara enquanto divide uma porção de batatas fritas comigo e Tim. — Frequentei a faculdade da Bíblia. Não fiz sexo antes de me casar. E... não deu certo.

Os problemas do casal no quarto logo causaram brigas homéricas e foram se infiltrando em todas as outras áreas. Ciente de que seu relacionamento estava em apuros, Sara recorreu a livros para mulheres cristãs sobre como melhorar o casamento.

— Em resumo, os livros sugeriam formas de manipular seu marido, usando batom e preparando as comidas favoritas dele para o jantar — disse ela, balançando a cabeça.

Mas a Maybelline e um bife suculento não resolveram a situação.

Tim estava tão confuso e desesperado quanto a esposa. Nada dava certo.

— Ser um marido cristão e o líder espiritual da casa foram os únicos papéis que diziam que eu podia ter — explicou ele. — Mas nunca me encaixei nessa identidade. Sempre me senti um fracassado por não ser macho o suficiente.

Pensando na parábola dos talentos, perguntei a Tim e Sara o que sua igreja ensinara sobre Deus quando se tratava de sexo e gêneros. Eu queria saber: será que eles eram iguais ao criado que enterrara o talento? E, se fosse o caso, que visão de Deus os incentivara a ser assim?

— Eu via Deus como uma mistura de alguém assustador e fácil de decepcionar — respondeu Tim. — Aprendi que Ele estava sempre me observando e via quando eu me masturbava, o que me deixava mal. Deus só me abençoaria sexualmente se eu seguisse o plano e ficava desapontado quando eu não seguia certas "regras masculinas", como ser um líder espiritual e resistir à tentação.

A Igreja ensinou a Tim e Sara que Deus observava tudo o que faziam, pronto para balançar a cabeça, decepcionado. Como um babaca controlador com um sistema de vigilância fantástico. E, por um tempo, essa teologia funcionou com os dois, como sei que funcionou com muita gente. Eles abafaram seu desenvolvimento sexual inato para agradar o mestre. E começaram um casamento esperando que sua vida sexual fosse abençoada como o prometido.

Questões de teologia são importantes quando falamos de pastorado sexual. A parábola dos talentos nos mostra que nossa visão de Deus determina nossa visão daquilo que nos foi confiado por Ele. Será que o tesouro nos trará evolução e alegria, ou medo e vergonha? A maneira como enxergamos o Criador define como nos vemos e também outras pessoas.*

Eu argumentaria que qualquer teologia que parta do princípio de que Deus usa humanos como ratos em um grande experimento de laboratório, nos dando choques por comportamentos ruins e ração como recompensa por comportamentos bons, é uma teoria ruim. Assim como qualquer uma que afirme

---

* Isso foi comprovado por estudos do cérebro conduzidos pelo neurocientista Dr. Andrew Newberg. Veja Andrew Newberg e Mark Robert Waldman, *Como Deus pode mudar sua mente: Um diálogo entre a fé e a neurociência* (Prumo, 2009).

que, apesar de ter criado a humanidade com uma diversidade gigante, Ele só fica satisfeito com um *tipo* de humano.* Essa visão de Deus fez com que muitos enterrassem seu tesouro sexual por medo. Negamos nossa natureza, nossa identidade e nossos desejos para não irritar um Criador que se decepciona com muita facilidade. O resultado é sofrimento — trevas exteriores —, e isso *não* é culpa de Deus.

No entanto, o plano que foi passado a Tim e Sara — o plano que dizia que deviam permanecer celibatários até o casamento, e então aderir a papéis de gênero específicos no seu relacionamento para serem saudáveis e agradarem a Deus — não se trata de satisfazer o Senhor. De certa forma, ele é apenas a descrição de certo tipo de pessoa.

— Minha irmã não teve dificuldade em seguir as mesmas regras que me causaram problemas — disse Tim. — Para ela, foi bom obedecer ao plano. Sua vida e seu casamento estão dando certo.

Mas aqui vai o detalhe que a Igreja parece ter ignorado: a irmã de Tim não está indo bem por ser uma pessoa correta. Mas porque, por um acaso, ela é naturalmente o tipo de pessoa descrita pelo plano — cisgênero, heterossexual, feminina, gentil, cristã e virgem quando casou. Não há nada de errado em ser assim. Mas isso não a torna especial aos olhos de Deus.

---

* O pastor e teólogo Robert Capon trata desse assunto. "A Igreja, de modo geral, não tem o melhor dos históricos quando se trata de incentivar a liberdade. Ela passou tanto tempo incitando em nós o medo de cometer erros que nos transformou em algo parecido com um péssimo aluno de piano; nós tocamos as músicas, mas não prestamos atenção nelas, pois nossa principal preocupação não é produzir a melodia, mas evitar qualquer erro que nos coloque em encrenca." *Between Noon and Three: Romance, Law, and the Outrage of Grace* (Grand Rapids, MI: Eerdmans, 1997), p. 148.

Penso na minha conversa com Meghan na beira do palco. Em como existem pessoas no mundo para quem todos os ensinamentos da Igreja *funcionam*. Pessoas que *têm* uma vida sexual boa depois de casarem virgens. Pessoas que se sentem *mesmo* confortáveis com os papéis de gênero que a Igreja costuma prescrever. E então penso em como Meghan fez um círculo com o dedão e o indicador e disse: "Elas formam um círculo deste tamanho de tão minúsculo." Até mesmo Tim e Sara — cisgêneros, heterossexuais, cristãos e casados — não se encaixam nesse círculo de pessoas que floresceram sob os ensinamentos religiosos sobre sexo. Mas isso não aconteceu porque os dois são um fracasso; aconteceu por causa de uma teologia ruim e suas consequências.

Assim como o ricaço da parábola sabia que os três criados eram diferentes e, portanto, lhes deu talentos diferentes, o pastorado sexual deve reconhecer que cada um de nós funciona de uma maneira e tem necessidades específicas, pecados específicos, dons específicos, sensibilidades específicas. Isso requer *atenção*.

Para Deus, todo mundo é diferente, mas ninguém é *especial*. Você não é especial por ser hétero. Ou gay. Ou homem. Ou cis. Ou trans. Ou assexual. Ou casado. Ou um prodígio na cama. Ou virgem. Todos temos o mesmo Deus, que projetou a mesma imagem e semelhança em nós e confiou a seres humanos imperfeitos coisas tão impressionantes quanto a sexualidade, a criatividade e a capacidade de amar e sermos amados como somos. A Igreja pode oferecer um sistema de pivô central de irrigação para aqueles que estão no círculo minúsculo, mas Deus faz *chover*. Não precisamos merecer a chuva nem a controlamos. Não nos cabe decidir quando ela cai nem em que quantidade. Essa porra é de graça.

★ ★ ★

Tim e Sara estão seguindo em frente. Quando o plano da Igreja se mostrou um fracasso para eles, tudo pareceu se transformar em trevas exteriores por um tempo, mas os dois estão começando a desencavar coisas que enterraram anos atrás. O casal passou o último ano fazendo terapia, juntos e separados, descobrindo que tipo de pessoa realmente são. Tim perdeu a vergonha de não ser um líder espiritual (seja lá o que isso signifique). Sara compreendeu que não precisa mudar nem manipular o marido; ela pode simplesmente amá-lo por quem ele é. Chega de plano. O tamanho único *não* cabe em todo mundo, e talvez nem tenha sido criado para isso.

— E tem mais — acrescentou Sara. — Não vamos ter filhos. Antes do ano passado, nunca pensei que isso poderia ser uma opção, mas, depois que desistimos do plano, percebemos que ter filhos não é uma coisa que todo casal precise fazer ou querer.

Os dois estão aceitando sua verdadeira personalidade, se enxergando e se amando de verdade, com todas as suas peculiaridades e beleza. Deus lhes deu dons que são apenas seus, e eles estão aprendendo a usá-los da melhor forma possível, dentro de suas limitações como pessoas imperfeitas. E isso é *bom*.

— Esperem — pedi quando estávamos prestes a levantar para ir embora. — Eu queria falar sobre mais uma coisa antes de irmos. Sei que pode ser meio esquisito.

Sara e Tim me encararam com curiosidade, talvez esperando por uma bronca pastoral. Em vez disso, contei um dos motivos pelos quais decidi escrever este livro. E quero contar para você também.

Fui casada por quase vinte anos e não sabia me conectar com meu marido. A culpa não era dele. Ele é um bom homem e um ótimo pai. Mas havia uma parte de mim que ficou fechada por muito tempo. Aquilo era um inferno para nós dois, mas finalmente conseguimos encarar a realidade e fazer o melhor para nossa família com uma separação e um divórcio amigáveis.

Quando comecei a sair com meu namorado, me senti conectada a ele, ao meu corpo, aos meus desejos e à minha natureza erótica de um jeito muito profundo. Era como uma esfoliação de todo o meu espírito. Fiquei mais suave, abri meu coração e limpei as caraminholas da minha cabeça. Foi *bom*. Não perfeito. *Bom*. Bom como corpos. Bom como bolo de chocolate. Bom como quando Deus viu o que tinha criado, observou tudo e disse que estava bom.

— Alguns pastores gostam de saber se os membros da congregação estão dando dinheiro à igreja — continuei. — Eles acreditam que um bom pastorado é sinal de saúde espiritual, que, quando compreendemos que tudo que temos é um presente de Deus, nos sentimos livres e felizes em doar.

Tim e Sara se remexeram no banco e trocaram um olhar entendedor. Eles conheciam bem aquela parte.

— Mas — acrescentei — minha experiência, a história de vocês e a de muita gente na HFASS me fazem pensar que, talvez, uma vida sexual saudável, independentemente do que isso significa para cada um de nós, também seja um sinal de saúde espiritual. Como sua pastora, quero que essa parte da sua vida e de seu casamento seja *boa*. Quero que sua vida sexual possa ser livre de medo e vergonha, que seja feliz e fiel a quem vocês são, porque ela é um presente sagrado de Deus.

Os dois sorriram e disseram:

— Estamos nos esforçando.

Então nos levantamos, nos abraçamos e nos despedimos.

★ ★ ★

No carro, no caminho para casa, pensei no dia em que debatemos a estratégia de pastorado financeiro na minha sala. No fim das contas, chegamos à conclusão — além da vontade de que pudéssemos fazer as camisas de Stuart de verdade — de que não teríamos um plano. Em vez disso, apresentaríamos nossas necessidades e nossos desejos financeiros sem estardalhaço ou ensinamentos emocionalmente manipuladores. Se as pessoas quisessem doar, poderiam fazer isso dentro de suas possibilidades.

Então, se alguém lhe disse que Deus está tentando enganar você, que sua sexualidade só é boa caso se encaixe em um círculo minúsculo, essa pessoa mentiu, e sinto muito. Deus lhe deu tesouros e nunca quis que eles fossem enterrados.

Não importa como seria seu desabrochar sexual, é isso que eu adoraria ver acontecer na sua vida. Vamos tentar ser pastores de nosso corpo, viver a alegria da Criação, aceitando nossos defeitos, absorvendo a graça da chuva de Deus. Vamos encontrar beleza e prazer em nosso corpo, confiando uns nos outros para usar os tesouros da sexualidade de acordo com nosso *dynamis*, nossa força e capacidade. Vamos nos tratar e também os outros como se todos fôssemos sagrados, independentemente de nossos talentos. Porque nós somos.

HOOKED ON COLFAX*

"Quando contamos a nossos amigos que queríamos abrir um café em East Colfax, eles nos disseram que era uma área de prostituição", me contou recentemente Malissa, dona do Hooked on Colfax. "Disseram que seríamos assaltados. E a gente resolveu adotar a reputação ruim." Ela e o marido, Scott, queriam criar um espaço comunitário inclusivo e acolhedor com café torrado no local e doces caseiros. Então, em 2005, os dois abriram o Hooked on Colfax, espaço no qual escrevi boa parte deste livro. O café fica naquela que a *Playboy* certa vez chamou de "a rua mais comprida e safada dos Estados Unidos".

Prostituição, tráfico de drogas e violência passaram décadas assolando os 40 quilômetros da suja Colfax Avenue.** Na cultura popular, tanto o Jimmy da série animada de televisão *South Park* quanto o Jimmy do filme *Coisas para fazer em Denver quando você está morto* tentam contratar os serviços de prostitutas na rua. Sal Paradise, de *On the Road (Pé na estrada)*, o livro *beatnik* de Jack Kerouac, mora e bebe na Colfax.

Em dias quentes, a porta da garagem que faz às vezes de parede dianteira do Hooked on Colfax se abre para a rua, compartilhando o cheiro de café expresso e muffins fresquinhos com policiais, praticantes de ioga e pessoas em situação de rua que caminham pela avenida.

---

* Viciados na Colfax, em tradução livre. [*N. da T.*]
** A história de Colfax segundo a biblioteca de Denver: https://history.denverlibrary.org/east-colfax-neighborhood.

Lá dentro, obras de artistas locais estão penduradas sobre os laptops abertos de alunos de medicina e freelancers. Um quadro de cortiça comunitário exibe folhetos sobre protestos, shows e aulas de tai chi, junto com cartões de visita escritos à mão. Atualmente, um deles anuncia: "Orientação selvagem: encontre seu(s) espírito(s) animal(is) com auxílio de meditação guiada. Vinte dólares + taxa de locação (geral), trinta dólares + taxa de locação (trabalho de sombra). Peça mais informações sobre descontos por falta de recursos financeiros/deficiências físicas." Não faço a menor ideia do que isso significa, mas me sinto estranhamente reconfortada por saber que deficientes que vivem em situação precária podem ter acesso ao trabalho de sombra da meditação do espírito animal por menos de trinta dólares.

O Hooked on Colfax é a igreja HFASS fora da igreja: é lá que fazemos reuniões, trabalhamos e organizamos encontros para orientação pastoral. Um lugar perfeito para conversar sobre fé e sexo.

4

DUPLA HÉLICE

Em uma manhã de sábado, no Hooked on Colfax, eu e Cindy, que faz parte da minha paróquia, conversávamos sobre a história dela.

— Quando me vi sentada sozinha no chão da cozinha, toda suja de sangue, com uma faca afiada ao meu lado, percebi que minha vida tinha se tornado um jogo de tabuleiro espiritual — disse ela. — Eu tentava e tentava alcançar o objetivo final da salvação, mas, de alguma maneira, sempre fracassava e tinha que voltar as casas.

Cindy me fitou, afastando o olhar de seu café, e notei que seus olhos azul-claros eram quase do mesmo tom de sua camisa. Cachos encaracolados de cabelo curto e grisalho emolduravam seu rosto.

Naquela noite em Seattle, 22 anos atrás, enquanto Cindy sentava no chão da cozinha após cortar os braços e as pernas, o toque do telefone a fez retomar a consciência. Sua terapeuta, que nunca ligara para sua casa antes, tivera a sensação de checar como ela estava.

— Há tanto sangue — explicara Cindy à terapeuta. — Não sei o que aconteceu.

Os paramédicos chegaram logo depois.

Apesar de tanto esforço para alcançar as boas graças de Deus, Cindy sentia como se tivesse chegado ao fundo do poço. E quando aterrissara no piso de linóleo cheio de sangue de seu apartamento minúsculo, fora como se todos os pedacinhos quebrados de si tivessem se espalhado ao seu redor.

Tudo tinha começado muitos anos antes, quando ela estava sentada em um chão diferente. Cindy passara muitos fins de semana da adolescência em retiros da igreja projetados para levar os jovens para a pureza sexual e "transcender seus corpos pecaminosos". E a melhor maneira de fazer a garotada parar de pensar em sexo era mandar todo mundo passar o fim de semana em um chalé com um bando de adultos que insistia em *só* falar disso. Sentada em um círculo, sendo questionada pelos líderes adultos sobre a frequência em que pensava em sexo, como pretendia permanecer pura, e escutando sobre os perigos da masturbação e da homossexualidade, Cindy, independentemente da própria verdade, começou a se sentir pressionada a dar as respostas certas.

Ela sabia que queria se aproximar de Deus, conhecê-lo, e os líderes deixavam bem explícito como isso aconteceria. E era algo bem diferente da verdade, que, no caso, era que Cindy desejava a amiga Marla. Aos 13 anos, ela ainda não entendia bem o que estava acontecendo com seu corpo. Mas sabia que gostava de Marla. Muito. E que também amava Deus.

Então Cindy se "partiu", como a própria descreve. As partes de si mesma que eram "incompatíveis" com seu desejo de seguir a Deus foram isoladas e quase esquecidas. Ela se tornou uma representação perfeita de si, a versão que aprendera que

Deus preferia. Foi só mais tarde, após dez anos vivendo de forma mentirosa, que as consequências de ter se "partido" ficaram óbvias.

Na igreja pentecostal que Cindy frequentava na infância, todos sabiam que havia uma maneira de se aproximar de Deus: era preciso buscá-Lo com todas as suas forças. Entre outros métodos, as pessoas encontravam-No ao caírem no espírito, passarem por exorcismos ou falarem em línguas.

Cindy *queria* desejar essas coisas. Ela queria desejar o dom de falar em línguas, da mesma forma como crianças da religião quaker desejam simplicidade e crianças hippies, ser tranquilas.

No entanto, os exorcismos foram aterrorizantes para Cindy. Acredita-se que os demônios dominassem o corpo daqueles que "lutavam com a homossexualidade" ou que não aderiam ao pequeno círculo de aceitação da igreja. Se você sofresse de uma doença crônica, ou lutasse um pouco com a vontade de dormir com sua secretária, ou apenas gostasse da música do Led Zeppelin (que era considerado demoníaco na época), a igreja o sujeitaria a um ritual religioso violento. Um grupo de homens cercaria você na frente da igreja, bem no meio do culto, e exigiria que seu demônio saísse.

"Fora, demônio! Liberte o corpo deste menino!", gritavam os homens. "Em nome de Jesus, ordeno que saia deste corpo! Você não manda aqui!"

Os homens berravam, às vezes com convicção, às vezes implorando, desesperados. Cindy nunca sabia se eles gritavam por medo daquilo não funcionar ou porque os demônios eram surdos. Em alguns exorcismos, o pastor mandava o demônio se identificar. E a vítima gritava de volta, em uma voz automática estranha, respondendo algo como: *Eu sou o demônio da masturbação!* (O que não é de surpreender, já que havia muitos exorcismos relacionados a sexo na igreja de Cindy.) Por trás de sua cascata protetora de longos cabelos encaracolados, ela observava enquanto o garoto com o demônio do Led Zeppelin ou o homem com o demônio da masturbação gritavam, gemiam e emitiam sons guturais. Eles se debatiam com força no chão — suando, se contorcendo, às vezes vomitando — antes de serem libertados para um estado de rendição e paz.

Cindy assistia a tudo isso com um misto de emoções conflitantes e perguntas confusas. Por que eles faziam aquilo tudo? As pessoas pareciam bem. Será que um demônio podia entrar no *seu* corpo sem ela perceber? Será que isso já tinha acontecido? Será que era por isso que gostava de Marla?

Parte de Cindy queria subir no palco, queria se sentir calma e livre da batalha que travava em seu corpo. Mas o medo de se tornar um espetáculo religioso era mais forte, então, sempre que notava o pastor olhando em sua direção, ela fingia ler a Bíblia, que mantinha aberta no colo. Um demônio não leria a Bíblia, não é?

— Nós aprendíamos que tínhamos que vigiar nosso corpo — me contou Cindy enquanto Bob Dylan tocava nas caixas de som.

Porém, no decorrer do ensino médio, o projeto de vigilância foi se tornando cada vez mais difícil para ela.

Fazia uma hora que estávamos no Hooked; a correria do meio da manhã já passara, quando a barulheira praticamente abafa a música. Agora, no espaço mais silencioso, os choramingos *folk* de Dylan em "Blowin' in the Wind" — *how many years can some people exist/before they're allowed to be free?* — pontuava nossa conversa.

Durante o segundo ano do ensino médio, Marla começou a moderar alguns dos debates dos retiros de fim de semana. Tudo parecia tão simples para ela, pensava Cindy. Sua amiga pequenina e de cabelo brilhante falava em línguas, conversava com facilidade sobre os perigos da masturbação e entregava lenços para os colegas que sempre começavam a chorar. Marla parecia tão feliz, tão próxima de Deus, tão cristã. Cindy faria tudo que ela pedisse. À noite, depois da oração em grupo, após os jovens secarem as lágrimas, cuidarem e limparem dos que vomitaram, os dois líderes adultos sumiam (mais tarde, ela descobriria que a dupla tinha um caso), e Marla chamava Cindy para dar uma volta lá fora.

— Sob as estrelas, na criação de Deus, vai ser mais fácil para você encontrar a língua das suas preces — dissera a amiga para Cindy em uma dessas noites.

Ela concordara com a cabeça e lhe dera um abraço.

Em casa, as duas passavam horas apertadas no "armário de orações" de Marla, acomodadas em uma almofada de flores amarelas em que mal cabiam. Em um canto do armário ficava um altarzinho, que Marla iluminava com uma lanterna minúscula.

— Nós ficávamos sentadas lá — contou Cindy —, duas garotas de 14 anos, orando para eu conseguir falar em línguas. De braço dado com Marla, a gente implorava ao Todo-Poderoso para me ajudar a subir mais um lance da escada sagrada.

A emoção e a intimidade dos momentos no armário de orações não ajudaram Cindy a falar em línguas, mas a deixou mais próxima de Marla. Então ela começou a *fingir* que conseguia falar em línguas. Já escutara a cadência e o som o suficiente na vida para conseguir imitá-los de forma convincente. Ainda assim, ela pensava tanto em ficar perto de Marla que, no fundo, acreditava que qualquer progresso havia sido perdido. E voltava para o fundo do poço.

Na época em que Cindy foi para a faculdade, o pastor da igreja confessou que tivera um caso com a diretora do coral. Ele ficou diante da congregação, no mesmo lugar em que pregava sermões sobre pureza, e foi exorcizado do demônio da impureza sexual.

— Se o diabo é forte o suficiente para fazer até seu pastor cair em tentação — disse ele antes do ritual —, então sua força é realmente grande.

Cindy estudou em uma faculdade evangélica no noroeste dos Estados Unidos, onde mentiu sobre sua educação pentecostal, pois tinha vergonha de todos os desmaios e as expulsões de demônios. No último período, começou a ter um caso com a esposa do pastor, um relacionamento que durou dois anos, ao mesmo tempo em que estava noiva do vocalista da banda de louvores da faculdade.

Depois de se formar, ela continuou a mentir. Casou-se com o namorado cantor e começou a dar aulas em uma escola de ensino médio. À noite, alternava entre sair escondido com a amante e ir a eventos da igreja. Ela tentou transcender seu corpo e escutar o que ele dizia ao mesmo tempo, e esse conflito quase a destruiu. Quando, surpreendentemente, seu casamento acabou após apenas dez meses, seu estado mental se deteriorou ainda mais. As partes reais de si e as histórias inventadas se confundiam, até a noite em que Cindy, caída e sangrando no chão da cozinha, foi salva pelo telefonema da terapeuta.

— Não tentei me suicidar — me contou ela no café. — Nem foi uma tentativa de "chamar atenção", como dizem. Cortei os braços e as pernas naquela noite sem nem perceber o que fazia. Acho que eu estava desesperada para sentir algo de verdade, algo que *não* fosse fingimento.

Cindy passou duas semanas internada em uma instituição psiquiátrica, onde finalmente parou de fingir. Ela contou aos médicos e aos outros pacientes sobre sua vida dividida e seu jogo de tabuleiro espiritual. Depois disso, começou a sentir coisas que não sentia havia muito tempo. Coisas humanas simples, como fome por comida e a necessidade de dormir. Era o começo de sua reconstrução. Como uma hélice dupla, Cindy foi se unificando, uma molécula por vez.

Em grego antigo, a origem de *demônio* significa "separar".* Aquilo que nos quebra, que nos torna menos inteiro, é demoníaco.

---

* Do Dictionary.com: "Do grego *daimon*, 'divindade, poder divino; deus inferior; espírito-guia, divindade tutelar' (às vezes incluindo as almas dos mortos); 'a capacidade, a sorte ou o destino de alguém'; do idioma protoindo-europeu **dai-mon-* 'divisor, provedor' (de sortes e destinos), da raiz **da-* 'dividir'".

No Evangelho de Marcos, Jesus expulsa um demônio de um rapaz que "dia e noite perambula entre os túmulos... grita e se corta". Mas, primeiro, Ele pediu para o demônio se identificar (Marcos 5:5-9). Quando leio essa história, penso em Cindy sentada no chão daquele apartamento horroroso, gritando, cortando os braços e as pernas para finalmente conseguir sentir alguma coisa. Se isso for ter um demônio no corpo, que nome daríamos ao dela? Vamos chamá-lo de vergonha. A vergonha se inseriu em Cindy e a separou de si. Ela afastou sua busca sincera por Deus de seu corpo, sua mente, sua sexualidade, seu coração.

Gosto de pensar que, quando Jesus enviou os discípulos para expulsar demônios em Seu nome, queria que Seus seguidores tratassem com tanto amor as pessoas divididas que os pedaços quebrados voltassem a se unir. Ele queria que as partes que alguém ou alguma instituição disseram ser impossíveis de amar — as partes feridas por aqueles que deviam amá-las e protegê--las — pudessem, diante de tanto amor, se reconstruir.

Cindy encontrou uma forma de se curar, mas começou esse processo fora do cristianismo — em uma tenda do suor indígena do povo lakota no Wyoming. Junto com 12 mulheres, na escuridão completa e no calor, ela orou para Deus sem qualquer doutrina, sem qualquer julgamento, sem a distração de precisar ser, dizer ou acreditar em qualquer coisa específica. Não havia o que fingir.

Ela sentou com as outras em um círculo, como nos retiros da juventude. Porém, ali, deixou para trás a vergonha que não lhe servia mais de nada. Não havia uma escada da virtude nem armadilhas do vício. Apenas o calor das pedras contra sua pele, o aroma de sálvia em suas narinas, o som da oração entoada em suas orelhas, e a escuridão da tenda em seus olhos.

Cindy me contou que lá, na tenda do suor indígena, sua hélice dupla se reencaixou, unindo novamente suas partes física, espiritual, sexual e emocional. Não havia mais um corpo pecador a ser transcendido. Havia apenas ela, ela por completo, se encontrando, unida no sagrado, célula a célula, oração a oração, gota de suor a gota de suor.

Em um fim de semana, Cindy chegou mais cedo para queimar algo na fogueira. Ela se posicionou do lado de fora da tenda, ladeada por duas amigas próximas, seus rostos focados nas labaredas adiante, as pedras usadas no ritual refletindo o brilho vermelho da madeira em chamas. Dali a alguns minutos, aquelas pedras seriam levadas para o interior da estrutura, cobertas com erva-doce americana e lascas de cedro, liberando o incenso purificador de limpeza no ar antes de as portas serem fechadas. Mas, por enquanto, elas permaneciam sob a madeira da fogueira, prontas para receber tudo que precisasse ser queimado.

Cindy enfiou uma das mãos dentro da bolsa e pegou sua Bíblia, a mesma Bíblia que apoiava no colo na adolescência, naquele chalé, e que fingia ler para evitar ser exorcizada, aquela na qual rabiscara anotações desesperadas, como um livro de feitiços que poderia ajudá-la a se transformar.

Devagar, sem dizer nada, ela arrancou oito páginas muito específicas — isto é, as que mencionavam homossexualidade — e as queimou, uma por uma. Enquanto observava as folhas se desintegrarem, sentiu como se as pessoas de sua igreja da juventude, os voluntários jovens, os pastores, os outros adultos, saíssem do cemitério da sua mente e pairassem ao redor da fogueira, julgando-a. Ela os viu, mas não se importou. Cindy estava se permitindo ser livre.

Porém, aquilo ainda não era suficiente.

Logo depois, ela arrancou os Evangelhos: Mateus, Marcos, Lucas, João. A história de Jesus nunca a machucara; Jesus jamais lhe pedira para se separar de si. Então, com a mão direita, ela segurou as páginas do Evangelho sobre o coração e, com a esquerda, jogou o restante na fogueira.

Há quem diga que é "perigoso" achar que podemos decidir por conta própria o que é ou não sagrado na Bíblia. Não acredito nisso, e vou explicar por quê. Os Evangelhos são escrituras sagradas dentro de uma escritura sagrada. A Bíblia, como Martinho Lutero disse, é o berço que guarda Cristo. O centro de tudo é a história de Jesus, o Evangelho. Quanto mais um texto da Bíblia se aproxima dessa história ou ao cerne do significado dessa história, mais autoridade ela tem. Quanto mais se afasta, menor é sua credibilidade.

Trata-se da narrativa de como o Deus que falava através de profetas e poetas se tornou o mesmo Deus que apareceu aqui em um corpo humano e começou a andar por aí como se não entendesse como as coisas funcionavam. Jesus disse que o mundo de Deus é como um pai correndo para a estrada para receber o filho rebelde como se suas rebeldias não fizessem diferença.

As histórias de Jesus pareciam bobagens, mas, ao mesmo tempo, soavam como uma verdade absoluta. Ele insistia em falar que muito do que damos tanto valor raramente é importante: hábitos como guardar rancor, julgar os outros, acumular riqueza e vencer. Então, em uma noite, esse mesmo Jesus ficou todo esquisito na hora do jantar e disse que um pedaço de pão era seu corpo e uma taça de vinho, seu sangue, e todas essas coisas levavam ao perdão. Tudo isso significa que nossa rebeldia não importa. Aí ele foi e se matou de um jeito absurdamente fácil de prevenir. Três dias depois, deixou os amigos loucos quando reapareceu, perguntando:

— Ei, vocês têm comida? Estou morrendo de fome.

Então ele fez uma fogueira, assou uns peixes e convidou os amigos para comer. Esse foi o mesmo Jesus que ficou ao lado de Cindy enquanto ela se libertava na fogueira da tenda indígena, segurando a história dele contra o peito.

No primeiro sábado de dezembro, seis meses depois de escutar a história de Cindy, eu subia os degraus de madeira de um celeiro reformado em Denver. *A Great Advent Gospel Read-Aloud* [Grande leitura em voz alta do Evangelho no advento, em tradução livre] é uma tradição anual da House for All Sinners and Saints, um dia em que nos reunimos em um círculo de grandes sofás e poltronas, com uma mesa farta de petiscos por perto, tricotando ou fazendo outros tipos de artesanato, e lemos os Evangelhos em voz alta, capítulo por capítulo, e todos têm a sua vez.

Cindy estava sentada a uma mesa próxima, ainda dentro do círculo de móveis, fazendo uma aquarela em uma folha de papel.

Travis, nosso eletricista e professor de judô oficial, cuja família veio da Coreia do Sul, lia Marcos 5 sobre o homem de quem Jesus expulsou uma legião inteira de demônios que atormentavam seu corpo e sua alma.

— "As pessoas saíram para ver o que tinha acontecido" — leu Travis — "e vieram ter com Jesus. Acharam então o homem de quem haviam saído os demônios, sentado aos pés de Jesus, vestido e em seu juízo perfeito."

Olhei para Cindy. Ela também estava sentada aos pés de Jesus, daquele que nunca a machucara, vestida e em seu juízo perfeito. Ela notou meu olhar, sorriu e ergueu o volume que usava para acompanhar a leitura.

— Mentira! — articulei com a boca, meus olhos arregalados.

Nas mãos de Cindy estavam os Evangelhos de sua Bíblia da infância — Mateus, Marcos, Lucas e João —, que apertara contra o peito naquela noite vinte anos antes, na tenda de suor indígena. Ela prendera as páginas com uma corda de erva-doce americana trançada e as guardara por todo aquele tempo.

Naquela noite na tenda de suor, a Lua estava cheia, e Cindy há muito tempo pintara a cena em aquarela em cima da primeira história de Mateus sobre a genealogia e infância de Jesus. Camadas de cinza-claro cobrem a página, retratando o céu noturno, com "nunca mais" escrito no topo. Então, entre as colunas de texto, a imagem da Lua cheia, um pequeno orbe branco de luz entre a escuridão, cerca uma única palavra: "Jesus."

Cortesia de Cindy. Usada mediante permissão.

Criação II

ELES PERTENCIAM UM AO OUTRO

No dia em que Deus criou o céu e a terra, ainda não havia plantas, porque não havia água, porque não havia ninguém para cuidar da jardinagem. Deus não tinha pressa. As coisas precisavam seguir uma ordem para esta porra dar certo.

Então Ele criou um terráqueo (Adão é uma palavra sem gênero que significa "da terra") a partir do barro e soprou em seu nariz para nos animar, e foi assim que recebemos uma alma e o dom da vida.

Nós somos barro e o sopro do Senhor.

Então Deus vestiu um macacão, pegou uma pá, plantou o jardim mais maravilhoso do mundo no Éden e colocou o terráqueo no paraíso que fez para nós. Ele criou umas árvores muito bonitas, que não serviam somente para serem apreciadas com os olhos, mas que produziam frutas deliciosas para comermos. E havia duas espécies especiais no jardim: a árvore da vida (a sabedoria de Deus) e a árvore do conhecimento do bem e do mal.

Deus prefere começar as coisas a mantê-las. Ele é mais empresário do que gerente. Então decidiu dar o jardim para o terráqueo cuidar, porque tinha coisas mais importantes para resolver. E disse:

— Arrumei umas árvores frutíferas espetaculares para você, então aproveite! Isso que é vida. Mas não coma nada daquela ali. Deixe que eu me preocupe com essa história do que é bom e do que é ruim. Não quero que fique pensando só nessas coisas. Quero que você viva. Eu serei o criador, e você, a criatura.

Então Deus pensou em como era estar sempre sozinho e chegou à conclusão de que seria chato para o terráqueo passar a vida comendo frutas e fazendo jardinagem sem ninguém por perto. Então, do barro, criou todos os animais do campo e todos os pássaros do ar, e se divertiu vendo como o terráqueo batizava os bichos. E eles eram legais, mas não eram companheiros. Quero dizer, galinhas são sensacionais, mas não sabem arar a terra.

Então Deus pensou: "Talvez essa história de criar seres de barro já tenha dado o que tinha para dar. Eu devia fazer um de carne." Foi aí que Ele pegou o terráqueo de surpresa com um lenço cheio de clorofórmio e o fez "dormir", e depois, por algum motivo, tirou uma costela do coitado, costurou sua pele e criou uma mulher. E deu os dois um ao outro, porque eles se pertenciam. Os terráqueos tinham sido criados um do outro, um para o outro. E ficavam bem juntos. É por isso que, até hoje, muitos de nós precisam se juntar a outra pessoa no sentido emocional, sexual e espiritual.

E os dois terráqueos, homem e mulher, viviam pelados. Ninguém sentia vergonha. A vergonha não existia ainda. Mas ela logo apareceria.

5

RESISTÊNCIA SAGRADA

Afirmamos que a autopercepção como homem ou mulher deve ser definida pelos propósitos sagrados de Deus no momento da criação e da redenção, como revelado pelas Escrituras.
Negamos que a adoção de uma autopercepção homossexual ou transgênero seja consistente com os propósitos sagrados de Deus no momento da criação e da redenção.

— *Declaração de Nashville, artigo 7*

Aqui vai um cronograma pouco preciso do que eu fiz na semana em que a cidade de Houston foi assolada pelas águas do furacão Harvey, a semana em que o 45º presidente dos Estados Unidos anunciou que encerraria um programa federal que protegia crianças imigrantes ilegais, e a semana em que uma organização batista do Sul do país publicou a Declaração de Nashville, um documento que lista todos os motivos pelos quais ser gay ou transgênero vai contra o "plano para a humanidade" de Deus.

Domingo: Meu filho, Judah, e eu nos despedimos de minha única filha, irmã dele, que partia para uma pequena faculdade apenas para mulheres em Oakland. Eu estava arrasada e animada ao mesmo tempo. Mas, no geral, arrasada. Ela era o meu coração. Minha amiga.

Eu sei, eu sei, a gente não deve ser "amiga" dos filhos. Temos que ser pais. A fonte de lições de vida difíceis, mas amorosas. A autoridade firme que determina as leis. Porém, após anos de brigas e competições sobre quem era mais teimosa, a época em que Harper precisava dessas coisas já tinha passado. Aos poucos, acabamos nos tornando duas mulheres que se gostavam e apreciavam a companhia uma da outra. E, mesmo assim, ela era meu bebê, aquela que me tornou mãe, que cresceu no meu útero, que foi amamentada por mim na velha cadeira de balanço da minha mãe, e que observei se tornar uma pessoa. E tive que ficar parada ao lado de seu irmão, na frente da casa do meu ex-marido, enquanto ele e nosso bebê partiam para a Califórnia.

Orei um milhão de vezes naquele dia. "Deus, proteja-a. Permita que Harper faça amigos que entendam como ela é maravilhosa. Ajude-a a se lembrar de fazer todo o dever de casa antes de ir para as festas." Não havia mais o que fazer. Dei um abraço apertado demais em Judah e fui preparar nosso café da manhã.

Terça-feira: Depois da academia, tentei escrever sobre normas de gênero, mas empaquei depois de ler uma citação absurda de William W. Orr, um pastor que publicou um livro de educação sexual cristã na década de 1950. Em parte, porque ela soava gay para cacete:

> Adão era másculo, forte, competente. Ele deve ter sido um belo espetáculo, limpo, robusto, purificado pela mão de Deus. Talvez com 1,80 m, corpo musculoso, ombros quadrados, peito amplo, queixo proeminente, quem sabe até com uma covinha? Um homem macho em todos os sentidos. Eva devia amá-lo tanto que chegava a doer.

E Eva. Que visão de perfeito prazer devia ser ela. A pele macia e bela, o cabelo comprido e macio. Tenho certeza de que seu corpo era o suprassumo do feminino. Suas mãos provavelmente eram delicadas, e seus pés, pequenos. Os olhos eram azuis como o céu, os lábios faziam o vermelho das rosas passar inveja. Certamente, sua admiração pelo marido devia beirar a veneração.

Esse foi o começo do plano sexual de Deus. Homens másculos e mulheres femininas.*

Já distraída, publiquei esse trecho no grupo do Facebook da minha congregação, junto com um comentário sarcástico sobre como essa versão de Adão e Eva parecia branca, com olhos azuis, cabelos sedosos e tal. Quase imediatamente, um dos membros da paróquia respondeu: "Isso parece bastante com a Declaração de Nashville." "Com certeza!", respondeu outro.

Eu não sabia do que estavam falando, então, apesar de estar quase saindo para tomar um café com meu paroquiano Kevin e não ter tempo para me perder em dramas da internet, pedi um link, porque também sou uma trouxa.

A Declaração de Nashville, escrita por um grupo cujo nome eu seria incapaz de inventar — o Council on Biblical Manhood and Womanhood [Conselho sobre Masculinidade e Feminilidade bíblica] — e assinada por pastores famosos de um monte de igrejas influentes, é um documento que reafirma visões conservadoras cristãs sobre sexualidade e gênero. O prefácio declara: "Não somos nossos. Nossa verdadeira identidade, como pessoas

---

* William W. Orr, *Plain Talk About Love and Sex* (Wheaton, Illinois: Scripture Press, 1950).

do sexo masculino e feminino, nos foi dada por Deus. Não apenas é uma tolice, mas também inútil tentar fazer por conta própria aquilo que o Senhor não nos criou para ser."

Sentada no meu apartamento, li os 14 artigos da Declaração de Nashville, levando um soco no estômago a cada um. Eu tinha acabado de passar meses conversando com os membros da minha paróquia para reunir histórias para este livro, fazendo três perguntas a todos: (1) O que você aprendeu na igreja sobre sexo e seu corpo na juventude?; (2) Que efeito tiveram esses aprendizados?; (3) Como você segue sua vida agora, como adulto?

Uma infinidade de gente me contou sobre coisas terríveis que foram ditas ou feitas com elas em ambientes cristãos. A mulher que tinha passado vinte anos acreditando que Deus nunca lhe dera um marido porque ela fizera um aborto aos 16 anos. O homem gay que fora obrigado a participar de um programa de "cura" para torná-lo um ex-gay, no qual um terapeuta o forçava a fazer sexo. As pessoas trans que se automutilavam, cortando a própria pele por não saberem que podiam ignorar as besteiras absolutas que a Igreja dizia sobre existir fora dos papéis de gênero designados por Deus.

Eu queria tanto poder me sentar com os autores da Declaração de Nashville e contar as histórias que escutei dessas pessoas de fé amadas por Deus. Queria poder mostrar a eles como sua lealdade a uma doutrina ou interpretação de uns parcos versículos da Bíblia faz mal ao corpo e espírito das pessoas aos meus cuidados. Talvez seja reconfortante acreditar que Deus tem algum tipo de plano-mestre para a expressão de gênero e relacionamentos sexuais, que, quando cumprido à risca, garante vidas felizes e realizadas, e que desviar desse plano é perigoso.

Entendo como essa *ideia* pode ser atraente. Mas quero lembrar aos criadores da Declaração de Nashville que, quando Jesus foi perguntado como viver de forma íntegra, de acordo com o plano de Deus, agradando-O, Ele não disse "Não seja trans" ou "Não transe antes de se casar". Sua resposta foi: "Ame a Deus e ao próximo como a si mesmo." (Marcos 12:30-31)

Amar ao próximo soa bonito, talvez até fácil. Porém, infelizmente, isso significa não apenas se preocupar com a senhorinha legal que mora do meu lado, mas também com o Council on Biblical Manhood and Womanhood — meus próximos por tabela, aqueles que eu preferia nem chegar perto.

Sei que, conforme nós, mulheres, encontramos nossa voz e reivindicamos nossa dignidade, conforme homossexuais fazem o mesmo, e conforme nossa sociedade se torna cada vez mais inclusiva à imensa diversidade da raça humana, não é fácil resistir a essas mudanças. Os autores da Declaração de Nashville admitem isso em seu prefácio: "Os evangélicos cristãos na aurora do século XXI se encontram em um período de transição histórica. Conforme a cultura ocidental se torna cada vez mais pós-cristã, embarca em uma revisão avassaladora do que significa ser humano." Eles estão perdendo a guerra cultural, e a sensação não deve ser boa. Mas um grãozinho minúsculo de pena é tudo que sinto.

Eu olhei para o relógio, fechei o laptop e mandei uma mensagem para Kevin avisando que ia chegar uns sete minutos atrasada.

★ ★ ★

Kevin trabalha em um banco de investimentos, mas parece um fazendeiro com sua barba loura bem-aparada e sua blusa com bolso. Ele tem 25 anos e poderia ser descrito por William Orr como "másculo, forte, competente, um homem macho em todos os sentidos". E, por um acaso, também é trans.

— Mas não dou pinta — admitiu ele. — Tipo, ninguém sabe se eu não contar.

Kevin me falou sobre sua infância no centro-oeste norte-americano com uma família amorosa e pouco religiosa, e pensei em como ele teve sorte por só encontrar sua fé cristã na vida adulta. Já é difícil se assumir trans, mas, ao contrário da maioria de seus companheiros LGBTQIAP+ na igreja, Kevin não tem uma família que o incentivava a odiar a si e lhe contava sobre o "plano de Deus" para sua vida.

Algumas semanas antes de nosso encontro, ele tinha sido batizado na House for All Sinners and Saints.

— Acho que a ideia do perdão é algo de que eu precisava muito, e encontro isso na história de Jesus. Preciso dessa história. Quero participar dela — disse ele.

Ainda com a cabeça fumegando por conta da Declaração de Nashville, fiquei um pouco irritada por um novo cristão ter me lembrado da mensagem de Jesus quando eu preferia reclamar sobre as merdas que me fazem odiar as pessoas.

Olhando para aquele rapaz doce e com cara de fazendeiro diante de mim, era impossível entender por que esses fanáticos religiosos atuais o veriam como uma ameaça ou por que os políticos e eleitores da Carolina do Norte preferem que ele use o banheiro feminino. Por que os autores da Declaração de Nashville querem que Kevin acredite que obedecer à própria natureza seria ir contra a vontade de Deus?

O pessoal da minha idade ou mais velho às vezes tem dificuldade em aceitar a situação dos transgêneros. Entendo isso. Tenho quase 50 anos, e demorei um pouco para me enturmar. Mesmo com tantas pessoas trans e gays ao meu redor, eu nem sempre entendo. E então lembro: isso não faz diferença. O fato de eu nem sempre entender é problema *meu*, e não posso confundir meus problemas com meu trabalho. Meu trabalho é apenas amar os membros da minha paróquia. E eu amo. Não de um jeito perfeito, mas amo.

Depois de me despedir de Kevin, desci para o bar embaixo do Hooked on Colfax. No intervalo entre ler a Declaração de Nashville e tomar café, eu tinha entrado rapidinho no grupo do Facebook da minha congregação para convidar quem quisesse me encontrar no café para um "trabalhinho de edição". Meia dúzia de membros da paróquia já ocupava uma mesa, debruçados sobre seus laptops.

Enquanto meus olhos se acostumavam com a luz fraca, vi Meghan, a mulher trans de meia-idade que me ensinou sobre círculos minúsculos e que não passa um dia sem completar as palavras cruzadas do *New York Times*; Cody, um rapaz gay que era novo na igreja e, mesmo assim, aparece em todas as refeições comunitárias com uma imensidão de comida caseira gostosa; Whitney e Jenny, que estão noivas e se conheceram na faculdade Calvin, uma instituição cristã conservadora; e Lori e sua filha lésbica de 19 anos, Miriam.

Juntos, nós passamos a tarde compondo o que chamamos de Declaração de Denver, reescrevendo todas as frases da Declaração de Nashville. Começamos com o prefácio:

Os cristãos na aurora do século XXI se encontram em um período empolgante, lindo, liberador e sagrado de transição histórica. A cultura ocidental embarcou em uma revisão avassaladora do que significa ser humano, expandindo os limites e as definições antes impostas pela Igreja. No geral, o espírito de nossa época compreende e aprecia a beleza do projeto de Deus para a vida humana, tão mais magnífica e diversa do que imaginávamos antes.

Ficamos sentados a uma mesa no canto do porão do café, comendo bolinhos, tomando café e lendo cada artigo, um por um, e sugerindo modificações em conjunto. Parecia uma liturgia. Estávamos reunidos para honrar as vozes uns dos outros e da humanidade, e ouvíamos a Deus em meio a todas as vozes. Foi uma tarde de risadas, choros, percepções e agradecimentos.

Horas depois, quando finalmente terminamos, Cody disse:
— Isso foi melhor do que terapia.

Vários de nós seguimos de carro por 3 quilômetros, seguindo para o oeste pela Colfax, passando por pontos de ônibus lotados, pizzarias e sex shops, virando para o norte e percorrendo meio quarteirão até chegarmos à igreja para nosso primeiro sarau musical. Como nossos cultos não têm instrumentos musicais, banda, órgão ou qualquer coisa além de vozes humanas, alguns dos membros mais artísticos tinham decidido organizar um evento em que as pessoas pudessem apresentar seus talentos. Para ser sincera, eu não estava nem um pouco animada. Já imaginava o climão quando alguém inevitavelmente subisse para cantar "You Light Up My Life" ao som de uma batida pré-gravada. (Sabe, como talvez eu tenha feito durante um acampamento de férias cristão quando tinha 12 anos.)

Mas o sarau não foi estranho. Foi sensacional. Músicas clássicas tocadas por gente que eu nem imaginava possuir aquele nível absurdo de talento, apresentações emocionantes de cantores e compositores, e um arranjo de violoncelo especialmente tocante. Porém, o que acabou comigo foi Winnie, uma ugandense curvilínea que, com um sorriso enorme e cheia de energia, cantou uma versão de uma música de *A pequena sereia*, mas com a letra diferente:

Parte da sua cidadania
(*Ao som de "Parte do seu mundo", de* A pequena sereia)

Há uma porção de coisas lindas nesta nação
Posso dizer que eu sou
Alguém que quer tudo
Eu quero estar
Onde os americanos estão
Quero votar
E com a má fama dos millennials acabar
Um dia vou ter dinheiro para pagar (como é que se chama?)
Ah, plano de saúde
Poder andar, poder correr
Não precisar vender meu rim para sobreviver
Eu quero fazer
Parte da sua cidadania

Sentada contra a parede, escutando aquela mulher linda (que, para muitos, não é uma moça bonita, mas uma "imigrante ilegal"), me perguntei por que pessoas como Kevin e Winnie costumam ser vistas como "problemáticas" por gente que não sabe nada sobre elas. Durante tudo isso, meu laptop estava aberto diante de mim, e eu terminava de formatar nossa versão da Declaração de Denver.

Quando desviei meu olhar da tela, vi que Cody — o salvador de nossas refeições comunitárias — tinha sentado ao meu lado. Segurei sua mão, e, juntos, apertamos "publicar".

Quarta-feira: Eu me permiti ler exatamente seis comentários negativos no Facebook sobre a Declaração de Denver. A maioria acusava a mim e a minha congregação de "não acreditarmos na Palavra de Deus" ou de não obedecer à autoridade da Escritura. Mas eu não podia ficar remoendo aquelas acusações por muito tempo, porque precisava fazer o que faço em boa parte das minhas semanas — ler e estudar a Bíblia, exatamente aquilo que me acusavam de negligenciar.

Meu trabalho como pastora na House for All Sinners and Saints envolve passar um bom tempo me obcecando com o texto escritural do próximo domingo. Passo a semana toda pensando nele enquanto tomo banho, enquanto passeio com meu cachorro, enquanto dirijo. Depois de me encontrar com as pessoas para sessões de aconselhamento pastoral, costumo pedir para que leiam o texto comigo e me digam o que mais lhes chama atenção. Treinei meu cérebro para, quando acordo no meio da madrugada, não repassar minha lista de pendências ou de preocupações, mas para recitar o texto da Bíblia daquela semana até eu voltar a cair no sono. Ser pastora é como ter uma doença mental pouco interessante.

Porém, descobri que, após reflexões, análises e as perguntas certas, a Bíblia colabora com a gente. Não é um mapa, um plano ou uma advertência, mas uma história de Deus e do Seu povo, que passa de geração em geração.

O texto dessa semana era do Êxodo, um dos únicos seis livros da Bíblia aprovados pelo teste de Bechdel, que requer que, em algum momento durante um filme ou obra de literatura, duas personagens do sexo feminino tenham uma conversa que não mencione homens.* Só isso. Os requisitos são poucos, sem dúvida; porém, mesmo assim, raramente são preenchidos.

O trecho escolhido do Êxodo seria uma história de resistência sagrada. Uma história de como cinco moças ousadas guiaram o povo hebreu para a liberdade. É assim: por várias gerações, os israelitas viveram em paz no Egito como estrangeiros residentes, mas, então, um novo faraó chegou ao poder, e ele era um pé no saco. O sujeito era... como explicar? Um racista inseguro e tirano sem qualquer bom senso. Acontece.

No decorrer da história, tanto recente quanto antiga, líderes inseguros gostaram de classificar pessoas com menos poder como "perigosas". É o que acontece quando imigrantes (como minha paroquiana Winnie) são responsabilizados por uma crise no mercado de trabalho, ou quando gays (como Cody) são culpados pelo aumento da taxa de divórcios (por enfraquecerem a instituição do matrimônio — como se heterossexuais não fossem capazes de fazer isso por conta própria), e como é óbvio dizer que pessoas trans (como meu paroquiano Emery, tenente do comando de comunicações do Exército norte-americano) são o motivo por trás dos altos gastos com militares nos Estados Unidos.

O faraó bebia da mesma fonte. Ele olhou ao redor e disse:

---

* O teste leva o nome de Alison Bechdel, a cartunista e escritora lésbica que o criou. Os seis livros da Bíblia aprovados pelo teste são o Êxodo, Rute, Samuel, Reis, Marcos e Lucas.

— Ei, esse povo hebreu tem filhos demais. Se as coisas continuarem assim, esta terra vai ficar cheia de gente que fala uma língua estranha e tem uma cor de pele diferente das pessoas que realmente são daqui.

Então ele bolou um plano para se livrar desse "problema hebreu". O faraó começou a escravizá-los com trabalho forçado, mas não deu certo. As pessoas continuaram tendo filhos. (Talvez porque, quando a vida ficou mais difícil e havia poucos prazeres a serem desfrutados, o sexo era uma das poucas coisas que o faraó não poderia tirar do povo.) O segundo plano do rei do Egito foi encontrar duas parteiras, Puá e Sifrá, e mandar que resolvessem o problema matando todos os meninos hebreus recém-nascidos. Mas as meninas poderiam viver. (Pois que tipo de ameaça meninas causariam?)

Porém, o faraó subestimou o poder de mulheres irritadas que querem proteger os fracos e cuidar dos inocentes — e talvez seja esse o significado do trecho bíblico "as parteiras temeram a Deus". Elas respeitavam, confiavam e amavam Deus, e sabiam a diferença entre Ele e o faraó. Nesse sentido, medo não é pavor. É reverência. Por outro lado, o medo que o faraó sentia era só *medo* mesmo. Medo de perder sua importância, seu poder, sua posição social. Medo de a cultura ao seu redor mudar. Isso não se trata de reverência, mas de insignificância, e incentiva coisas como a criação de decretos e declarações sobre escravos, imigrantes e homossexuais.

Sifrá e Puá foram preenchidas pelo Espírito Santo, recebendo a coragem e o amor necessários para desafiar o faraó, e foi exatamente isso que fizeram. As duas o desobedeceram. Não mataram os meninos. Porque, às vezes, a atitude mais sagrada que podemos tomar é dizer: *Não. Não se eu puder evitar.*

Quando o faraó chamou as parteiras de novo para perguntar por que sua ordem de acabar com o "problema hebreu" não fora cumprida, Sifrá e Puá tiveram a sabedoria de usar os estereótipos racistas do rei contra ele.

— Pois é — disseram as duas —, a gente queria muito matar os bebês, mas essas mulheres hebreias são muito diferentes das nossas mulheres egípcias delicadas. Elas são muito fortes, talvez por causa dessa escravidão toda, e sabem dar à luz como ninguém. Quando a gente chega nas casas dos escravos, é tarde demais. As crianças já nasceram.

O faraó ficou desnorteado. A escravidão não tinha resolvido seu "problema hebreu", e tentar manipular as parteiras também não dera em nada. Então, sua próxima tentativa foi assinar um decreto ordenando que *todos* os egípcios deveriam procurar os filhos homens recém-nascidos de mulheres hebreias e jogá-los no Nilo.

Nessa altura, a história passa para uma moça hebreia que escondeu seu belo bebê do faraó pelo máximo de tempo possível. Porém, após três meses, seu filho ficou grande demais para passar despercebido, e ela foi forçada a cometer um ato inimaginável. A mulher pegou um cesto, o cobriu de betume, pez e, imagino, um milhão de orações, aconchegou a criança lá dentro e colocou o cesto entre os juncos na beira do rio.

— Deus, proteja-o — orou ela.

Não havia mais o que fazer.

Pouco tempo depois, a filha do faraó apareceu para tomar banho no rio e viu o cesto entre os juncos. Curiosa, ela olhou lá dentro e encontrou a criança: seus bracinhos, sua boquinha perfeita, seu peitinho subindo e descendo com o fôlego da vida. A decisão então foi tomada: *Ele não é um problema. É um* bebê.

A princesa também foi preenchida pelo espírito de Deus. A própria filha do faraó o desafiou ao enxergar um bebê como um bebê, e não como um problema de imigração ou um problema hebreu — ou um problema LGBTQIAP+, ou um problema feminista, ou um problema da população que precisa de cuidados especiais, ou um problema racial.

Foi aí que a irmã mais velha do menino, que estava vigiando tudo, saiu de trás dos juncos e fez algo tão inteligente, leal, amoroso e astuto que ganhou minha admiração para sempre. Ela disse à filha do faraó:

— Ei, eu conheço uma mulher hebreia que pode ser ama de leite dele!

A princesa concordou, e a menina foi para casa.

Imagino que, com um tom de voz animado que sinaliza boas notícias, ela tenha anunciado:

— Ele está vivo, mamãe. E adivinha só, a filha do faraó vai pagar à senhora para amamentar seu filho. *Com o dinheiro do faraó!*

Depois, quando o menino desmamou, a mãe o levou para a princesa, que o adotou. Ela o batizou de Moisés, que significa "Porque das águas o tirei".

Esse seria o texto do meu sermão no domingo.

Domingo: Há poucas coisas no mundo sobre as quais sei muito, e uma delas é minha congregação na House for All Sinners and Saints. De muitas formas, é um grupo de pessoas que fez sua balsa protegida com pez e orações. É como se, juntas, essas pessoas tivessem flutuado para longe daqueles que lhes faziam mal e, de alguma forma, chegado à igreja.

Fui convidada a entrar em suas histórias. Seus corações, suas dores, seus corpos, suas preocupações e sua beleza me transformaram. Então, quando surge uma declaração ou uma ordem executiva que usa o termo "problema" ou "pecado" para se referir a essas pessoas, eu levo essa porra para o lado pessoal.

Talvez você também devesse.

Naquela semana tão cheia de raiva e tristeza, não sabia como eu conseguiria trabalhar, que dirá pregar, sem as Escrituras. Eu não sabia o que fazer nem dizer — minha única opção era oferecer à congregação essa história sobre moças corajosas que optaram por tomar a atitude sagrada de dizer "Não, não se eu puder evitar". Como sobreviver sem a Bíblia? Senhor, a quem recorreríamos? *Você* possui as palavras da vida eterna.

Quando o domingo chegou, depois de uma semana cheia de notícias horríveis, me postei diante da minha congregação e falei com uma voz trêmula de amor.

— Vocês não são um "problema" — disse eu, quase implorando para que acreditassem em mim. — Vocês não são um erro. A única coisa que são é aquilo que Deus os criou para serem. Vou ficar ao seu lado. Nós vamos ficar ao lado uns dos outros. E existe uma fonte para todo o amor de que precisamos, uma fonte para toda a coragem de que precisamos. Existe uma fonte para toda a ousadia de que precisamos, e ela não é a nossa capacidade de estarmos certos sobre tudo, não é a pureza de nossas políticas. A fonte de nossa ousadia é a mesma que aquelas cinco moças no Egito usaram enquanto lutavam pela liberdade. A fonte é o Deus de Sifrá e Puá.

E mais uma coisa: é um erro subestimar meninas, pessoas trans e imigrantes. Nós somos uma ameaça. Deus tocou o coração de um monte de parteiras, filhas de faraós e outras pessoas sagradas por aí, e nosso trabalho é criar vida a partir da morte.

DENVER CONTRA NASHVILLE

(NASHVILLE) AFIRMAMOS que a vontade revelada de Deus para todas as pessoas é a castidade fora do matrimônio e a fidelidade dentro dele.

NEGAMOS *que quaisquer afetos, desejos ou compromissos possam justificar relações sexuais antes ou fora do casamento; assim como não justificam qualquer forma de imoralidade sexual.*

(DENVER) AFIRMAMOS que Deus nos criou como seres sexuais em uma variedade infinita.

NEGAMOS que o único tipo de expressão sexual que possa ser considerada sagrada ocorra entre um casal casado, cisgênero e heterossexual, que esperou para fazer sexo após o casamento. Porém, se você se inclui nesse grupo, que ótimo, não temos problema algum com suas escolhas de vida.

(NASHVILLE) AFIRMAMOS que Deus criou Adão e Eva, os primeiros seres humanos, à Sua própria imagem, iguais perante a Ele como pessoas, e distintos como homem e mulher.

NEGAMOS *que as diferenças entre homens e mulheres, ordenadas pelo Divino, os tornem diferentes em termos de dignidade ou valor.*

(DENVER) AFIRMAMOS que Deus criou Adão e Eva, os primeiros seres humanos, à Sua imagem masculina e feminina, e que todos os seres humanos compartilham essa imagem de Deus, mas a expressam de forma diferente com seu corpo e espírito.

NEGAMOS que nós, enquanto seres humanos, sejamos capazes de compreender completamente a glória da imagem de Deus ou possamos acreditar que nossa linguagem possa definir seus limites. Portanto, negamos que aqueles que não se adaptam às normas de gênero da sociedade estejam fora de algum tipo de "plano divino".

(Nashville) AFIRMAMOS que a autopercepção como homem ou mulher deve ser definida pelos propósitos sagrados de Deus no momento da criação e da redenção, como revelado pelas Escrituras.

NEGAMOS que a adoção de uma autopercepção homossexual ou transgênera seja consistente com os propósitos sagrados de Deus no momento da criação e da redenção.

(Denver) AFIRMAMOS que a definição de homem ou mulher não existe, mas que somos todos apenas um em nosso Senhor Jesus Cristo.

NEGAMOS qualquer noção de autopercepção que parta do princípio que sabe os propósitos sagrados de Deus para outras pessoas, e que tais autopercepções possam ser consistentes com o evangelho da graça, do amor e da piedade, como demonstrado na Escritura Sagrada.

(Nashville) AFIRMAMOS que o pecado distorce desejos sexuais ao afastá-los do pacto do matrimônio e direcioná-los para a imoralidade sexual — uma distorção que inclui tanto imoralidade heterossexual quanto homossexual.

NEGAMOS que um padrão duradouro de desejo por imoralidade sexual justifique comportamentos sexualmente imorais.

(DENVER) AFIRMAMOS que o pecado distorce todos os aspectos da vida humana.

NEGAMOS que qualquer ser humano seja capaz de escapar do pecado apenas por escolher seguir certa doutrina ou estilo de vida.

(NASHVILLE) AFIRMAMOS que é pecaminoso aceitar a imoralidade homossexual ou transgênera, e que tal aceitação constitui uma renúncia essencial da fé e da sabedoria cristãs.

NEGAMOS que a aceitação da imoralidade homossexual ou transgênera seja uma questão de indiferença moral sobre a qual cristãos fiéis em outros aspectos devam ter uma opinião pessoal.

(DENVER) AFIRMAMOS que Cristo nos salvou para sermos livres, e, apesar de acreditarmos na total inclusão de todas as pessoas no corpo de Cristo (aqui estamos; não podemos ser diferentes), não podemos mandar na consciência de outros cristãos.

NEGAMOS que seja pecaminoso aceitar identidades LGBTQIAP+ e que tal aceitação constitua uma renúncia essencial da fé e da sabedoria cristãs.

(NASHVILLE) AFIRMAMOS que a graça de Deus em Cristo permite que pecadores abandonem autopercepções transgêneras e, pela força divina, aceitem a conexão ordenada por Deus entre seu sexo biológico e sua autopercepção como homem ou mulher.

NEGAMOS que a graça de Deus em Cristo permita autopercepções que vão contra a vontade revelada de Deus.

(DENVER) AFIRMAMOS que a graça de Deus em Cristo permite que pecadores renunciem ao preconceito e o vejam como algo que vem de nós e não de Deus.

NEGAMOS que a graça de Deus em Cristo permita declarações moralistas sobre o conhecimento absoluto da vontade de Deus.

(NASHVILLE) AFIRMAMOS que Cristo Jesus veio ao mundo para salvar pecadores e que, através de Sua morte e ressurreição, o perdão dos pecados e a vida eterna são possíveis para todos que se arrependam de suas transgressões e aceitem apenas Cristo como seu Salvador, Senhor e tesouro supremo.

NEGAMOS que o braço do Senhor seja curto demais para salvar todos os pecadores e que qualquer um esteja fora de Seu alcance.

(DENVER) AFIRMAMOS que Cristo Jesus veio ao mundo para salvar pecadores e que, através de Sua morte e ressurreição, o perdão dos pecados e a vida eterna são possíveis para todos; isso é um tesouro supremo.

NEGAMOS que Deus seja um menino, com braços de verdade.*

---

* Havia 14 artigos no total, e, depois de uma hora e meia de trabalho, ficamos... de saco cheio.

6

A CADEIRA DE BALANÇO

> Acredito que compreendemos que, antes de o Senhor injetar o fôlego da vida em Adão, ele tinha um coração, tinha um cérebro com veias, e esse coração e essas veias estavam cheios de sangue, da mesma forma como os de um feto são cheios de sangue. Porém, Adão só ganhou vida após Deus o preencher com Seu fôlego.
>
> — Dr. Robert L. Pettus Jr., *As I See Sex Through the Bible*, 1973

— Se você prefere manteiga de amendoim crocante, vá para o outro lado da sala — disse um colega que, como eu, também era conselheiro do acampamento.

Cerca de sessenta pré-adolescentes se dividiram em grupos ao atravessarem o piso gasto de madeira da sala de recreação do acampamento de verão. Eles riam e esbarravam uns nos outros de propósito. Um garoto ruivo e magricela bateu na mão de um rapaz de etnia não identificada, que usava boné.

— Isso aí, manteiga cremosa não está com nada — disse ele.

Assim que os alunos chegaram ao destino, o conselheiro deu outra orientação:

— Se você já matou aula, vá para o outro lado da sala.

Os alunos riram e se reorganizaram. Os matadores de aula incluíam os previsíveis, mas também algumas surpresas. Ninguém imaginava que Jessica teria coragem de fazer algo assim. Mas era por isso que a atividade era divertida.

Depois, as perguntas se tornaram mais intensas.

— Se os seus pais se divorciaram, vá para o outro lado da sala.

Os cumprimentos pararam enquanto uma dúzia de crianças ia para a parede mais distante.

Nos grupos menores que iam se formando enquanto a atividade progredia — o de crianças que tiveram câncer ou que foram fisicamente machucadas por alguém —, os alunos ficavam de mãos dadas. *Você e eu. Nós compartilhamos uma experiência que os outros nunca tiveram. Podemos ser só dois, mas fico feliz por não estarmos sozinhos.*

Passei todos os verões dos meus 20 e poucos anos guiando atividades como essa em um pequeno acampamento riponga em Massachusetts.

Nunca me esqueci daquelas cenas de cruzar o salão para me unir a pessoas iguais a mim. Quando alguma coisa acontecia comigo — bater de moto, levar um pé na bunda, roubar comida no mercado quando não tinha dinheiro para pagar —, eu me via atravessando o piso de madeira da velha sala de recreação do acampamento, indo na direção de um grupo de pessoas que tinham passado pelas mesmas coisas, e isso me reconfortava. Era como uma escolha de times para a aula de educação física, só que emocional.

Mais tarde, quando contei para os meus pais que tinha parado de beber mesmo sem realmente ter parado, escutei um jovem conselheiro soprar um apito e dizer:

— Se você já mentiu sobre seu alcoolismo, vá para o outro lado da sala.

Na minha cabeça, estava me juntando ao meu povo. Caminhando para minha quitinete perto da Colfax após o último dia em um emprego de que eu precisava, mas não gostava e nunca quisera, escutei o conselheiro de novo:

— Se você já foi demitida, vá para o outro lado da sala.

E houve o dia em que minha menstruação atrasou. E ouvi o conselheiro dizer:

— Se você já teve que pegar trezentos dólares emprestados para fazer aquilo que nunca achou que seria capaz, aquilo que a destruiria e a salvaria ao mesmo tempo, vá para o outro lado da sala.

Enquanto eu atravessava a sala de recreação do meu acampamento de verão na minha mente, me imaginei passando por mulheres ricas, mulheres sortudas, mulheres boas, até finalmente encontrar meu mais novo grupo: mulheres que não tinham trezentos dólares. Sua associação a esse grupo nunca é revogada, mesmo após muito tempo, quando você já conseguiu um emprego de verdade há anos e sempre tem trezentos dólares para gastar como quiser. Assim como ninguém nunca deixa de ser a criança abandonada pelo pai aos 10 anos nem a criança que pulou a terceira série, nunca se deixa de ser a garota que pegou os trezentos dólares emprestados.

Fazia apenas duas semanas que eu trabalhava na central de atendimento para consultas psíquicas quando percebi que minha menstruação estava atrasada. Eu não tinha qualquer capacitação para o emprego — nenhuma habilidade especial de ver o futuro, nem um pingo de clarividência ou intuição.

O que eu tinha em uma tarde ventosa, quando esbarrei com uma velha amiga na rua, era uma conta bancária zerada e um senhorio impaciente.

— Morgan! — gritei, e dei um abraço na minha antiga colega de quarto e de trabalho. — Quanto tempo! Você ainda é garçonete da Pegasus?

— Não. — Ela afastou seus cachos castanhos do rosto. — Estou trabalhando em uma central de atendimento para consultas psíquicas.

— Valeu, Mãe Dináh — respondi, imaginando que era brincadeira.

— Não, é sério — disse ela. — É tão fácil. Sabe, você seria ótima nisso.

O mais engraçado é que eu tinha escutado a mesma coisa, uma semana antes, de outra amiga que estava trabalhando como stripper.

Morgan curvou uma mão sobre seu Marlboro Light e o acendeu com maestria, vencendo o vento.

Nós dividimos o cigarro e observamos os pedestres atravessarem a 13th Street fora da faixa enquanto ela me contava sobre o trabalho.

— Eles sempre estão contratando, e a entrevista é só fazer uma "leitura" para a gerente — explicou minha amiga. — E posso te dar a cola exata sobre o que falar. Ela passou por um divórcio terrível há uns dois anos e só sai com caras idiotas, então basta falar sobre isso, e ela vai adorar. Se você mencionar qualquer coisa sobre arco e flecha, vai ser contratada na hora. A mulher só fala disso. — Morgan pegou de volta o cigarro fumado pela metade. — Esse é o trabalho, no fim das contas. Entender o que as pessoas querem escutar.

A CADEIRA DE BALANÇO

Depois de uma semana tentando aprender a ler cartas de tarô, decidi que as minhas opções eram virar vidente ou stripper, e esta última exigia me bronzear, me depilar e fazer dieta. Eu poderia ler cartas de tarô sem nem tirar o pijama, então a escolha parecia óbvia. Liguei para a chefe de Morgan e marquei um horário para meu teste.

Não havia qualquer sinal no arranha-céu no centro de Denver de que havia uma central de atendimento para consultas psíquicas no nono andar. Nada de bolas de cristal em néon, nada de placas com "Ligue para 0800...". Até quando você saía do elevador e entrava no mar de cubículos, o único sinal do sobrenatural era uma mesa excessivamente decorada. Stacy, uma mulher da minha idade que recebera a tarefa de me mostrar o escritório, apontou para o cubículo de um por um que parecia uma barraca do Grateful Dead, a banda de rock norte-americana, em uma feira medieval.

— Aquele é o cubículo de Monique — explicou Stacy. — Ela está aqui desde *sempre*, acredita de verdade nos seus "poderes" e ganha muito dinheiro para a empresa. Enfim, você vai receber uma mesa vazia e um telefone diferentes a cada começo de turno.

No fim das contas, eu não era uma Monique. Não acreditava nos meus poderes e tinha me enganado quanto à minha capacidade de manipular os outros para ganhar dinheiro. Na minha cabeça, aquilo seria igual à época em que trabalhei como garçonete, fingindo gostar dos clientes. Mas sorrir para um quarteto de mulheres de meia-idade que só pediam água e sopa era uma coisa; manter um senhor triste e recém-divorciado na linha por mais tempo do que ele provavelmente poderia bancar era outra bem diferente. *Se você já ganhou dinheiro sendo desonesta, vá para o outro lado da sala*. O valor daquele primeiro cheque foi baixo, mas eu precisava pagar o aluguel. E duas semanas depois, percebi que minha menstruação estava atrasada.

Tive um bebê aos 13 anos. Não meu, mas de estranhos. Stephen se tornou meu na primeira noite em que minha família o trouxe para casa. Ele ficaria abrigado conosco temporariamente, e eu nunca deixava ninguém mais segurá-lo. Às vezes, eu o desenrolava das mantas que a agência de adoção nos dera, apenas para sentir o calor de sua pele de bebê contra a minha.

Minha mãe, Peggy, me avisou para não me apegar demais, já que não poderíamos ficar com ele — mas não adiantou de nada. Eu voltava correndo para casa depois da aula, torcendo para Stephen já ter acordado de sua soneca.

— Não acorde o menino só para pegá-lo no colo — dizia Peggy.

Então ela me encontrava no meu quarto, com um neném sonolento em meus braços magros e jovens.

— Ele já estava acordado — eu mentia.

Stephen era o meu bebê.

Aquele foi um período difícil da minha vida. Eu tinha me afastado de praticamente tudo, com exceção do meu gato e do Stephen. Quando segurava aquela pessoinha perfeita em meus braços, eu me sentia humana, conectada, sem qualquer tipo de julgamento. Até hoje, quando seguro um neném, sinto que recebo de novo a bênção da inocência, das possibilidades; é uma fração de momento em que estou livre do cinismo. Bebês me lembram de que ainda existe esperança. Eles me ensinam de um jeito que nada mais consegue. São um amor sem linguagem. Sacerdotes primordiais envoltos em algodão.

Eu disse para minha mãe que queria ficar com Stephen porque o amava. Mas também queria ficar com ele para esse amor ser retribuído. As duas coisas eram verdadeiras, mas apenas uma foi dita.

— Não se apegue demais — repetia ela.

Mas eu me oferecia para esquentar suas mamadeiras, preparar a fórmula e alimentá-lo, apenas para sentir aquele pesinho perfeito em meus braços, escutar o som ritmado dele sugando a mamadeira. Eu sabia que minha mãe me observava, preocupada. Ela ficava por perto e analisava a cena de sua filha doentia, ainda suada da corrida da escola, segurando um bebê perfeito e saudável.

Eu, que tinha sido a bebê de Peggy, nasci prematura, laranja, e precisei de três transfusões de sangue imediatas. Eu não devia ter sido concebida, que dirá nascido viva. Peggy tomava anticoncepcionais e era Rh negativo, uma condição que fazia seu corpo rejeitar a criança Rh positivo que se desenvolvia dentro dela. Hoje em dia, as mulheres nessa condição podem tomar uma única injeção para conseguir gerar e dar à luz um bebê. Porém, na década de 1960, essas pessoas geralmente só podiam contar com ter um filho saudável, já que a doença se agravava a cada parto. Um bebê era sorte. Dois, muito difícil. Três, praticamente impossível.

Peggy tinha 16 anos quando, em um piquenique da igreja em uma tarde fresca de verão, viu um homem alto e muito magro, com cabelo escuro e olhos azul-claros. Ela se casou com Dick Bolz na semana do seu aniversário de 18 anos. Em poucos meses, o casal se mudou para a Alemanha para a primeira missão dele com a Força Aérea dos Estados Unidos. Minha irmã mais velha, Barbara, nasceu quando nossa mãe tinha 19 anos, e a sorte logo foi lançada com a tentativa de um segundo filho — um menino, Gary, que chegou 18 meses depois, quando já estavam morando no Texas. Enquanto ela segurava seu segundo filho, tão jovem e saudável, em seus braços também jovens, o médico do hospital militar de San Antonio disse:

— Peggy, você precisa começar a tomar a pílula agora. Para sempre.

Quatro anos se passaram, e então a menstruação dela atrasou.

Adoro imaginá-la me segurando no hospital militar na Pensilvânia, minha pele com uma cor melhor algumas horas após meu sangue ter sido substituído pelo de um desconhecido. Peggy adora contar a história sobre como, quando eu tinha um dia de idade e os médicos ainda não sabiam se eu sobreviveria, uma enfermeira especialmente mandona avisou a ela para não me dar de mamar.

— Você não quer ficar cheia de leite quando não tiver um bebê para alimentar — disse ela.

Dois dias depois, quando eu tinha vivido mais do que o esperado e minha mãe continuava a me amamentar, a mesma enfermeira lhe deu uma bronca.

— Você só vai deixar sua filha mais doente.

Ao que Peggy, cheia de fé, esperança e pura determinação, ergueu a cabeça e respondeu:

— Isso não faz sentido.

E me passou de um seio para o outro.

Quando voltavam para casa do hospital, minha mãe pediu ao meu pai para fazerem uma parada em uma loja de antiguidades que ela adorava, que ficava em um celeiro antigo. Algumas semanas antes, ela vira uma cadeira de balanço pendurada na parede, com os pés bem compridos atrás.

Seus braços se encaixavam perfeitamente na cadeira, e, como eu já estava com fome de novo, Peggy se sentou, se balançando mais para trás do que parecia possível para uma cadeira de balanço, e me amamentou naquela loja, sob a manta que receberam no hospital. Meus pais compraram a cadeira e a levaram para casa comigo.

Quando éramos pequenos, eu e meus dois irmãos adorávamos falar para as visitas experimentarem aquela cadeira de balanço, sabendo que elas entrariam em pânico, pensando que iriam cair para trás. Mas isso nunca acontecia. Só parecia possível.

Um dia, depois de preparar e esquentar a fórmula de Stephen e pingar algumas gotas no meu braço para testar a temperatura, sentei minha bunda ossuda naquela cadeira de balanço barulhenta. Peggy se acomodou no sofá de veludo dourado e ficou observando enquanto eu alimentava o bebê. Meus braços de menina se acomodaram entre os da cadeira, curtos demais para serem apoiados, e beijei os pezinhos de Stephen enquanto ele sugava sua mamadeira, contente.

Peggy sorriu para nós.

— Ela é tão altruísta — disse minha mãe, obviamente torcendo para eu perguntar do que estava falando.

— Quem? — cedi.

— A mãe biológica de Stephen. Nunca a julgue por abrir mão dele, Nadia. Foi uma decisão divina.

Não era a primeira vez que Peggy me dizia como a decisão da mãe biológica de Stephen fora nobre, generosa. A mulher pensara no filho e nos seus futuros pais adotivos antes de pensar em si.

Várias semanas depois, finalmente chegou a tarde em que voltei para casa e encontrei minha mãe segurando Stephen e uma pequena bolsa de fraldas. A mala ao seu lado parecia uma traição.

— Ele foi adotado! — anunciou ela como se aquilo fosse motivo de comemoração.

Eu implorei para ficarmos com Stephen. Implorei.

— Vou cuidar dele sozinha, prometo.

Quem eram aquelas pessoas que supostamente seriam seus pais? Elas não o amavam como eu. Ninguém amava. Stephen era meu bebê.

Na época, não tive o altruísmo que Peggy admirava na mãe biológica dele, e também não o tive 11 anos depois, quando engravidei sem querer. *Se você foi generosa o suficiente para dar um filho para adoção, vá para o outro lado da sala.* A mãe de Stephen poderia seguir em frente, mas essa não seria uma opção para mim.

Se eu não fora capaz de abrir mão do filho de outra pessoa, jamais conseguiria fazer isso com o meu. E se eu não abriria mão de um bebê e não poderia cuidar de um bebê, então não podia *ter* um bebê. Eu tinha a mesma idade que minha mãe quando sua menstruação fizera o impossível e atrasara. Porém, aos 24 anos, *eu* não era casada nem tinha dois filhos. Eu era solteira, com apenas dois anos de sobriedade, e ganhava oitocentos dólares por mês como "vidente". Fazia seis anos que não ia ao dentista. E seria uma péssima mãe solo. Eu amava demais meu namorado, mas ele não me amava o suficiente — e apesar de a ideia de nos casarmos e começarmos uma vida de verdade ter passado pela minha cabeça por um segundo, não foi isso o que aconteceu.

Stacy, da central de atendimento, me passou o contato de um médico que ela usara no ano anterior, depois de uma noite de bebedeira que tentara se tornar permanente.

— O médico é bom — explicou ela. — Mas não é muito simpático.

E foi aí que me tornei a garota que precisava pegar trezentos dólares emprestados para fazer algo que jamais cogitara.

Na manhã seguinte ao aborto, fiquei deitada no colchão fino em um canto da minha quitinete. O colchão viera do único móvel que eu tinha, um sofá-cama pequeno e manchado, que afundava até o chão sempre que alguém se sentava nele. Ele parecia firme, mas suas entranhas tinham sido removidas. Era um corpo feito apenas de pele e ar.

Meu namorado, Eric, que fora prestativo, amoroso e me apoiara durante todo o processo, saíra pouco antes para trabalhar como entregador de pizza. Porém, de repente, alguém bateu à porta. Eu me levantei do colchão. Era minha amiga Claire, uma neozelandesa que vivia ilegalmente no país e sobrevivia de bicos — cozinhando, costurando e criando um monte de coisas bonitas com retalhos.

— Achei que você poderia precisar de algumas coisas — disse ela quando abri a porta.

Claire me entregou uma cesta forrada com um lenço antigo, cheia de pão fresco, sopa caseira, uma barra de chocolate meio amargo e duas tangerinas perfeitas.

Ela já tinha me visitado várias vezes antes, então não me lembrei de avisar sobre a possibilidade de ela ser engolida pelo meu sofá. E, assim, esse momento doce e singelo de extrema amizade foi marcado pela bunda magrela de Claire batendo no chão, seus joelhos e o torso se encontrando como as duas capas de um livro.

Nós caímos naquele tipo de gargalhada que apenas pessoas tristes conseguem dar.

Quatro anos depois, quando eu estava em trabalho de parto com Harper e morrendo de medo de tanta dor e impotência, me acalmei repetindo as palavras: "Todo ser humano. Todo ser humano." Isso era algo em que eu pensara muito durante a gravidez. Todo ser humano representa uma gestação e um nascimento. O que estava acontecendo comigo e com meu corpo parecia estranho, violento. Mas as mulheres passam pelo trabalho de parto e dão à luz desde o começo dos tempos, e, naquela noite, entrei para esse grupo. Elas esperavam por mim ansiosamente do outro lado dessa linha de chegada.

Minha filha também esperava. Aquela que poderia ficar comigo. Aquela que eu amamentaria na velha cadeira de balanço de Peggy, apesar de ser tomada pelo pânico às vezes, achando que poderia cair para trás.

★ ★ ★

Às vezes, faço as contas. Quantos anos teria aquela criança se eu tivesse feito uma escolha diferente? É simples: só acrescentar quatro anos à idade de Harper ou seis à de Judah.

Minha decisão me deixou destruída por um tempo, mas não por achar que eu tinha cometido um pecado terrível nem por vergonha. A questão era que eu sabia que teria amado aquele bebê. Isso é verdade. Porém, verdades opostas podem coexistir, e também é verdade, uma grande verdade, que mesmo depois que tive filhos, mesmo depois que me tornei pastora, nunca, nem por um único minuto, me arrependi da minha escolha. Aquela era a coisa certa a se fazer.

Quando Harper nasceu e a segurei, escutando sua respiraçãozinha, pensei em Deus. No momento em que bebês saem do sangue e óleo do útero de suas mães, no momento em que sua pele toca o ar pela primeira vez, o choque frio faz com que abram sua boca nova. E se eles estiverem vivos, puxam o ar para seus pulmões minúsculos, aquelas bolsas de asas delicadas com vasos sanguíneos no lugar de penas.

Em algumas tradições muçulmanas, a primeiríssima coisa que um recém-nascido escuta é o nome de Deus, sussurrado em sua orelha esquerda pelo pai. Gosto de pensar nisso como uma forma de reforçar de quem eles são e de onde vieram. Talvez sussurrar o nome de Deus para um bebê que tenha acabado de sair do útero seja uma maneira de dizer que aquele primeiro ar inspirado é o sopro divino, saído da mesma fonte celestial que o bebê que veio para nós, a mesma fonte para a qual ele retornará após seu último suspiro.

Há muito tempo que os rabinos escrevem sobre como a alma entra no corpo no momento do nascimento, com a primeira respiração. Esse ar é o dom da vida dado pelo Criador. Por Deus, que é nossa origem e nosso destino. E na Bíblia hebraica, YHWH (ou Yahweh) é o nome de quatro letras Dele, sagrado demais para ser pronunciado; é por isso que é simplesmente substituído por "Senhor" em nossa Bíblia.

Contudo, alguns rabinos ensinam que Yahweh nem é uma palavra de verdade. Dizem que é literalmente o som da respiração, o que faz sentido, já que a tradução mais literal de seu significado é "Ele faz que venha a ser". "E formou o Senhor Deus o homem da poeira da terra, e soprou em suas narinas o fôlego da vida; e o homem tornou-se alma vivente" (Gênesis 2:7).*

Inale, *yah*. Exale, *weh*. Inale, *yah*. Exale, *weh*.

Terminei de escrever um rascunho sobre esta história de gravidez, bebês e a cadeira de balanço da minha mãe enquanto participava do corpo docente de um centro de retiro luterano isolado no estado de Washington. Era verão. Harper iria para a faculdade no outono, e Judah estava prestes a começar um curso técnico de três anos, então estávamos aproveitando a oportunidade de passar uma semana juntos em um lugar que amávamos.

Quando Harper terminou de ler o rascunho, me deu um abraço e concordou com a cabeça, entendendo. Então descemos a colina onde ficava nosso chalé e fomos até a sala da lareira, onde eu participaria da reunião semanal com os professores, quando a equipe do retiro se encontrava para conversar sobre os vários assuntos que tinham sido discutidos nos últimos dias. Cerca de 35 pessoas estavam sentadas diante de nós e faziam perguntas.

Na hora seguinte, falamos sobre ecologia, liturgia, teologia e o conflito na Irlanda do Norte. Então, no final da reunião, um homem com 70 e poucos anos quis falar.

— Só há uma coisa que não discutimos nesta semana, algo muito importante para mim.

---

* Richard Rohr, *The Naked Now: Learning to See as the Mystics See* (Chicago: Crossroad, 2009), Capítulo 2.

Irônica, pensei: *você entende que existem muitos assuntos no mundo, não é? Tipo, a gente nunca falou sobre viagens espaciais, tartarugas marinhas ou moelas de frango.*

Ele continuou:

— Cerca de um milhão de norte-americanos morreram em combate desde a fundação deste país. E há dias em que nos lembramos deles e fazemos homenagens. — Sua esposa, sentada ao seu lado, lhe deu uma cotovelada discreta, e o aviso foi ignorado. — Mas centenas de milhares de norte-americanos morrem *todo ano,* e ninguém percebe. Eles são assassinados. Assassinados no útero. Por que não falamos sobre *isso*?

Entrei no modo lutar ou correr. Procurei a saída mais próxima. Se eu não tivesse esperado um momento para orar por ajuda, teria saído dali ou agredido fisicamente um homem de 70 anos.

Em vez disso, falei na minha voz mais equilibrada.

— Meu senhor, a verdade é que muitos de nós seguem uma crença que cristãos e judeus têm há muito, muito tempo: que, com base na história da Criação no Gênesis, a vida começa com a respiração. Então não venha tentar forçar suas acusações de assassinato em pessoas que acreditam em verdades muito diferentes das suas.

Respirei o mais fundo possível, o que não foi muito, porque eu estava furiosa. Então falei algo que nunca tinha mencionado em público.

— E quer saber de uma coisa? Eu fiz um aborto quando tinha 24 anos.

Contei a história que eu tinha escrito naquele mesmo dia, sobre como amo bebês e como aquela fora uma escolha que me destruíra por um tempo, mas nunca um arrependimento, porque eu sabia que era a opção certa para mim.

Olhei ao redor da sala e notei a linguagem corporal das mulheres, como muitas pareciam tensas, tristes e irritadas. Mas não por causa das minhas palavras. Acrescentei:

— Se vocês ficaram magoados com alguma coisa que foi dita aqui hoje, então sinto muito. E se alguém já tiver feito um aborto e quiser desabafar, eu adoraria escutar sua história.

Fiquei acordada até meia-noite.

Com um grupo de mulheres, subi a colina até o refeitório, preparamos torradas e xícaras de chá de ervas, e destilamos nossa raiva sobre os comentários do homem. Por horas, rimos, tomamos chá e conversamos sobre sexo, nosso corpo e gravidez. Para mim, aquela foi a melhor parte da semana.

No meu caminho de volta para o chalé, outra mulher se aproximou, como se tivesse ficado esperando um momento em que eu estivesse sozinha.

— Eu tinha 20 anos — comentou ela.

Depois de lhe dar um abraço, apenas respondi:

— Obrigada por me contar.

A mulher chorou, e fiquei esperando.

— Já faz 22 anos, e nunca contei para ninguém. Nem para meu marido, minha mãe ou minhas amigas. Ninguém. — Quando lhe perguntei por que, ela apenas respondeu: — Acho que nunca senti que alguém queria saber.

Agradeci de novo, lhe dei outro abraço e pedi para ela pensar em, talvez, contar para outras pessoas.

Então continuei a subir a colina e mandei uma mensagem para meu namorado, que estava em casa, contando o que tinha acontecido. Fazia quase um ano que estávamos juntos. E nós já tínhamos namorado antes também, quando eu tinha 24 anos. Seu nome é Eric. Ele era entregador de pizza.

Como o aborto entrou na agenda política dos evangélicos: uma história

Em 1968, a *Christianity Today*, revista favorita dos evangélicos conservadores, publicou uma matéria especial sobre métodos contraceptivos. O texto citava Bruce Waltke, professor do notoriamente conservador Dallas Theological Seminary, que dizia que a Bíblia é explícita quanto a ensinar que a vida começa no nascimento, não na concepção.

"Deus não considera que o feto seja uma alma, independentemente do estágio da gravidez", defendia Waltke. "A Lei é explícita: 'quem matar alguém certamente morrerá (Levítico 24:17). Porém, de acordo com Êxodo 21:22-24, a destruição do feto não é um crime capital... Então, obviamente, em comparação com a mãe, o feto não é visto como uma alma.'"*

Mais tarde, o físico Jonathan Dudley escreveria uma coluna para o blog Belief da CNN, no qual observa que esse ponto de vista era o "consenso entre os pensadores evangélicos da época".**

O que mudou?, talvez você se pergunte. Bem, não foi a Bíblia, isso é certo. Em 1969, várias famílias negras do Mississippi

---

* E, em 1973, Robert L. Pettus Jr., um médico, escreveu um livro chamado *As I See Sex Through the Bible*, baseado em uma série de aulas que dera em sua congregação da Igreja de Cristo em Madison, Tennessee. Ele se esforça para usar as Escrituras a fim de responder a perguntas sobre sexualidade e papéis de gênero, com a maioria das conclusões seguindo as crenças cristãs conservadoras da época. Porém, ao discutir os ensinamentos da Bíblia sobre aborto, ele conclui que um feto não tem vida, porque Deus deu vida a Adão com seu fôlego.
** Jonathan Dudley, "My Take: When Evangelicals Were Pro--Choice", blog Belief, *CNN*, 20 de outubro de 2012.

processaram escolas particulares cristãs por não aceitarem a matrícula de alunos negros. Foi isso o que mudou.

Qual é a conexão entre esse processo e crenças sobre aborto? Quando se trata da direita cristã, a tradicional história de origem é que, em 1973, os evangélicos norte-americanos despertaram de seu mal-estar político em resposta a *Roe vs. Wade*.* É uma história bonita, mas não tão verdadeira assim.** A questão que impulsionou os eleitores evangélicos cristãos a princípio se tratava de "liberdade religiosa" — isto é, liberdade para instituições cristãs permanecerem extremamente racistas.

Nove anos antes do processo contra políticas de matrícula racistas nas escolas cristãs do Mississippi, Bob Jones, pai, evangélico e fundador da universidade que carrega seu nome, alegou em um programa de rádio que a segregação racial era ordenada por Deus e que se opor a ela era ir contra o Senhor e o "plano Dele" para a humanidade.*** Seria apenas em 1971, 44 anos após sua fundação, que a Universidade Bob Jones aceitaria seu primeiro aluno negro, e, mesmo assim,

---

* *Roe vs. Wade* foi um caso judicial em que a Suprema Corte norte-americana reconheceu que a Constituição do país assegura o direito ao aborto ou interrupção voluntária da gravidez. Em 2022, o entendimento do caso foi derrubado pela Suprema Corte dos Estados Unidos, devolvendo aos estados a liberdade de legislar sobre o aborto como preferirem. [*N. da T.*]
** Randall Balmer, *Thy Kingdom Come: How the Religious Right Distorts Faith and Threatens America* (Nova York: Basic Books, 2006), edição do Kindle, posição 463-470.
*** Daniel L. Turner, *Standing Without Apology: The History of Bob Jones University* (Greenville, SC: BJU Press, 2001) 225, 369.

apenas depois de ser obrigada pelo governo federal.* Nesse mesmo ano, a Suprema Corte norte-americana decidiu em *Coit vs. Green* que escolas particulares perderiam a isenção de impostos se mantivessem políticas de discriminação racial.

Paul Weyrich, fundador do *think tank* conservador The Heritage Foundation e um dos criadores da direita cristã, desejava impulsionar os cristãos norte-americanos como uma força moral no palco político da década de 1970. Então, após se mobilizarem para defender a Universidade Bob Jones e suas políticas de discriminação racial, ele e vários líderes evangélicos organizaram uma teleconferência para discutir estratégias futuras. A conversa é detalhada por Randall Balmer, historiador de Dartmouth, em seu livro *Thy Kingdom Come*:

> Alguém sugeriu [...] que tinham estrutura para formar um movimento político maior — algo que Weyrich queria o tempo todo — e pediu sugestões de outros tópicos para opinarem. Vários participantes deram ideias, e então, de acordo com Weyrich, uma voz em uma das linhas disse: "Que tal o aborto?" E foi assim que o aborto entrou na pauta política da direita cristã.**

Após a reunião para defender a liberdade religiosa de instituições cristãs conservadoras para permanecerem racistas e ainda manterem a isenção de impostos, um pequeno grupo de líderes evangélicos quis manter o ritmo e decidiu que po-

---

* Relacionamentos inter-raciais só foram permitidos no campus da Universidade Bob Jones no ano 2000.
** Balmer, *Thy Kingdom Come*, edição do Kindle, posição 481-532.

deriam criar seu movimento em torno da questão do aborto. Esse foi o dia em que os evangélicos começaram a repensar o que a Bíblia diz sobre o começo da vida.

Há tantas experiências diferentes sobre concepção e gravidez. Algumas de nós desejam engravidar e nunca conseguem; algumas tiveram bebês que não queriam; outras perderam o filho que tanto desejavam. As pessoas vivenciam a concepção e a gravidez de formas diferentes, de acordo com suas circunstâncias, crenças e desejos.

Ao lembrar essa história — que, a princípio, os cristãos acreditavam que a vida começava no nascimento, e o movimento pró-vida foi criado por motivos políticos —, não quero diminuir nem negar a experiência ou a perspectiva de ninguém. Meu objetivo é apenas mostrar que, se o principal argumento evangélico contra o aborto — que a Bíblia é "explícita" quanto a dizer que a vida se inicia na concepção no útero, de forma que todos os cristãos verdadeiros devem crer naquilo que os bons cristãos "sempre" acreditaram, ou seja, que aborto é assassinato — tiver feito você sentir vergonha de si, ou a impediu de interromper uma gravidez que não desejava, ou a levou a machucar a si ou os outros, ou a impediu de votar de acordo com sua consciência, quero que saiba a história dessa posição. E quero que você se liberte, porque há muitas formas de enxergar o assunto e permanecer fiel. Há muitas formas de interpretar as Escrituras e permanecer fiel. Há muitas formas de permanecer fiel.

7

A LAREIRA

— Lembro que, no grupo jovem, sempre usavam uma metáfora sobre o fogo — disse ele, apertando os olhos por causa da luz do Sol depois de sairmos do Hooked on Colfax.

— A lareira? — perguntei, revirando os olhos.

Ele apenas riu, pegando a chave do carro.

— Isso mesmo.

Trent tinha acabado de passar uma hora descrevendo o que aprendera na sua igreja da juventude: como a única forma de agradar a Deus, o mesmo ser que o criara com sexualidade, seria não se render à sua natureza sexual de maneira alguma. Como se o Deus do Universo tivesse programado na Criação um teste passivo-agressivo para nossa força de vontade.

Ele é apenas uma das muitas pessoas que me contaram histórias sobre ensinamentos manipuladores de grupos jovens sobre os perigos do sexo, ensinamentos que receberam no lugar de uma educação sexual abrangente.

Existe a da rosa passada dentro de um círculo, representando a virtude feminina. Cada garoto do grupo tira uma pétala, de forma que, no fim, o marido fica apenas com um caule murcho. E a do copo de água em que todos cospem, e a última pessoa da fila precisa decidir se quer beber o líquido agora que os fluidos corporais dos colegas estão lá dentro. E então há a metáfora da lareira.

O fogo, como explicam os incentivadores da abstinência para os jovens, pode ser seguro, quente e reconfortante — mas apenas quando contido. Se tirarmos o fogo da lareira, ele vai devorar tudo ao redor. O sexo funciona da mesma maneira. Se não for confinado à "lareira" de um casamento cristão vitalício, monogâmico e heterossexual, ele vai queimar e destruir sua vida inteira.

O negócio é o seguinte. Não posso dizer que sexo é diferente do fogo. A metáfora é boa. Porém, o fogo é uma parte essencial da existência humana. Ele é perigoso, sim, mas não indomável. Lareiras existem, tudo bem. Mas o fogo também surge de isqueiros baratos. E em fornos, aquecedores, em fogueiras de acampamento e em um bilhão de velas de bolos de aniversário. Sem mencionar o Sol.

Dirigir é perigoso, então ensinamos nossos filhos tudo que podemos sobre o assunto antes de entregar-lhes a chave do carro. Cortar legumes é perigoso, então os ensinamos a segurar a faca do jeito certo e curvar os dedos. Amizades são perigosas, então os ensinamos sobre generosidade, limites e autoestima.

E o fogo é perigoso, então os ensinamos a respeitá-lo. Mesmo assim, não conheço uma única pessoa que nunca tenha sofrido algum tipo de queimadura, seja de uma frigideira quente, de uma vela estrelinha ou de um modelador de cachos. É lógico, há quem tenha sofrido queimaduras tão terríveis que nunca perdem as cicatrizes. Todas essas coisas são verdadeiras quando se trata do fogo. E muitas coisas também são verdadeiras quando se trata de sexo.

O sexo pode nos aquecer, mas também pode ser frio. O sexo pode trazer conexão e também distanciamento. O sexo pode causar revelações e também confusões. O sexo pode nos empoderar e também nos humilhar. E nossos filhos devem aprender que tudo isso é possível dentro e fora de um casamento. Em relacionamentos heterossexuais e homossexuais. Com jovens e com velhos. O sexo solta faíscas e centelhas, se alastra, ilumina, aquece e queima.

Com o tempo, Trent deixou de acreditar que sexo é pecado e quis ter as próprias experiências. Mas, quando começou a ir a encontros, tinha dificuldade em acessar sua natureza sexual — ele não sabia como tomar a iniciativa com uma mulher, como expressar sua sexualidade. Muito depois de rejeitar os ensinamentos de sua juventude, Trent achava que seus sistemas de reação sexual e erótica, que todos temos e que a igreja o incentivara a ignorar, tinham atrofiado. Seu maior medo era que os danos fossem permanentes.

Em 1986, com 17 anos e apesar dos esforços da minha igreja, fiz sexo. Fora da lareira.

Meu namorado, Jeff, tinha 20 anos e era surpreendentemente experiente para alguém da sua idade. Ele adorava mulheres. Adorava corpos femininos, e dar e receber prazer. E era um amante gentil, atencioso e muito generoso. Sou uma das poucas sortudas que pode dizer que teve uma introdução maravilhosa à vida sexual, e com alguém que eu amava. Jeff não era cristão, mas não se contentava com apenas consentimento e mutualidade. Ele demonstrava preocupação. Algumas semanas depois de começarmos a sair, e antes de transarmos, ele me levou ao médico para podermos usar métodos contraceptivos seguros.

Sexo era *bom*.

Mesmo assim, tive que manter segredo. Eu não podia contar para ninguém; falar com meus pais ou com meus amigos da igreja era impossível, que dirá com o pastor. Assim, como a maioria dos jovens cristãos sexualmente ativos, eu vivenciava minha sexualidade sem qualquer orientação de pessoas mais experientes, porque todos os adultos na minha vida seguiam a ideia de que "qualquer sexo fora do casamento é pecado". A última coisa que eu queria era que alguém me "falasse a verdade em amor" e me dissesse que seria melhor parar de transar. Essa repreensão bem-intencionada não valeria de nada. Eu precisava, assim como minha paroquiana Cecilia, de conhecimento sobre relacionamentos sexuais.

O sexo não estava estragando minha vida, como a igreja dizia que aconteceria. Aquilo não machucava ninguém. Não machucava a mim nem a Jeff. Mas a mensagem era objetiva: minha sexualidade e minha espiritualidade não podiam ocupar o mesmo espaço. Então comecei a mentir sobre aonde eu ia e o que fazia, passando menos tempo na igreja.

Era 2012, e eu estava ao telefone com os organizadores regionais do Encontro Nacional de Jovens, que ocorreria mais tarde naquele verão, no Superdome, no qual eu faria uma apresentação no palco principal. Comentei:

— Bem que eu queria que um passarinho me contasse quantas Infecções Sexualmente Transmissíveis (IST) e gestações indesejadas ocorreram nos últimos 25 anos por causa do contato sexual entre adolescentes nos Encontros Nacionais de Jovens da ELCA.

Veja bem, a Igreja Evangélica Luterana nos Estados Unidos (ELCA) é uma das organizações mais progressivas do país. Nós ordenamos pessoas gays e fazemos sermões sobre os pecados do encarceramento em massa e aquecimento global. Pense em nós como uma Igreja que lida com a realidade.

— Não seria genial — sugeri — se nossa seção do Encontro Nacional de Jovens tivesse um espaço na área comum com adultos dando informações úteis sobre saúde sexual?

Muitos desses jovens viriam de regiões do país cuja única informação disponível era sobre abstinência.* Essa seria a única oportunidade de encontrar as orientações de que precisavam.

— Se vocês não puderem oferecer esses recursos para os jovens da nossa Igreja — acrescentei —, minha congregação estaria disposta a fazer isso... a gente se responsabilizaria pelos gastos.

Fiz uma pausa, mas o silêncio do outro lado da linha era ensurdecedor.

Era uma decisão simples, não? A resposta veio algumas semanas depois.

— Conversamos sobre o assunto. A ideia é ótima, mas os pais não aceitariam.

Não consegui parar de pensar no assunto. O que, exatamente, os pais não aceitariam? Seria o fato de que alguns adolescentes são sexualmente ativos, algo que não tem relação alguma com

---

* Educar sobre abstinência não previne a gravidez na adolescência; educar sobre métodos contraceptivos, sim. Um estudo mostrou que o aumento no uso de anticoncepcionais é responsável pela diminuição de 86 por cento da taxa de gestações em adolescentes nos Estados Unidos entre 1995 e 2002. J. Santelli et al., "Explaining Recent Declines in Adolescent Pregnancy in the United States: The Contribution of Abstinence and Improved Contraceptive Use", *American Journal of Public Health* 97 (2007), 3.

a ELCA? Ou o fato de a Igreja ousar reconhecer isso e ajudar a garantir a saúde e a segurança de seus filhos? De acordo com as estatísticas, é improvável que regras que proíbam o fornecimento de informações sobre saúde sexual impeçam adolescentes de transar. Em um estudo publicado em junho de 2017 no *Journal of Pediatrics*, pesquisadores descobriram que as taxas de gravidez na adolescência são entre quarenta e cinquenta por cento mais altas do que a média nacional em regiões do Texas em que a educação só trata sobre abstinência.

Então comecei a me perguntar: o que faz os pais se recusarem a aceitar a realidade? Será que sinceramente acreditamos que Jesus ficava tão horrorizado e apavorado com sexo quanto a Igreja? Sério?

Se formos sinceros, é bem fácil entender o motivo de os pais e a Igreja viverem tão obcecados com adolescentes e sexo: por medo.

Sim, o sexo tem seus perigos.* Seria tolice dizer que não. É óbvio que, como pais, temos medo de que nossos filhos tomem uma decisão temporária que tenha uma consequência permanente, um momento de prazer seguido por uma vida inteira de doenças ou paternidade prematura. E, simplificando ainda mais, não queremos que eles sejam magoados nem usem o sexo da mesma forma que usei em momentos diferentes da minha

---

* Esther Perel, uma respeitada terapeuta sexual, disse em uma entrevista com Patty Olwell: "Nos Estados Unidos, sexo é o fator de risco. Na Europa, ser irresponsável é o fator de risco. Sexo é natural e faz parte do desenvolvimento humano. Essa é a diferença básica entre os tipos de educação que recebemos. E acho que os Estados Unidos podem melhorar nesse assunto." (Podcast *Therapist Uncensored*, episódio 46, "Redefining Infidelity", 38:30). Os adultos norte-americanos que apoiam uma educação que só engloba abstinência para crianças e adolescentes são irresponsáveis.

vida — isto é, como uma forma de acabar com a solidão ou de melhorar minha autoestima. Todos esses medos são válidos.

Porém, talvez, como mãe, eu também tenha medo do *mistério* do sexo, porque sei como já fui completamente tomada pelo desejo, como me perdi em uma conexão com um parceiro com uma intensidade apavorante, de um jeito impossível de controlar ou definir. Sei que, quando vejo meu namorado, algo dentro de mim se liberta. Tudo aquilo que foi contido — por convenção social, fatores psicológicos de proteção e roupas básicas por boa parte da minha vida adulta e a maioria de meus momentos conscientes — se agita dentro de mim. É algo selvagem, metade veludo, metade incêndio florestal. Uma selvageria que deseja consumir e acariciar. O desejo é uma coisa complicada. É destruição, insistência, riscos, a droga do coelhinho da Páscoa, tudo ao mesmo tempo. Ele faz o mundo ficar embaçado, como um dedo esfregado sobre uma linha feita com carvão.

O sexo pode ter propósitos de procriação, uma forma de criar novas vidas. Pode ser íntimo, uma forma de parceiros expressarem seu amor. Pode ser revelador, uma forma de nos descobrir e também outras pessoas. Pode ser tedioso, enlouquecedor ou motivo de arrependimento. Pode ser um aspecto lindo do desenvolvimento humano e pode ser um aspecto humilhante da degradação humana. Pode ser o lugar mais seguro para irmos ou a coisa mais perigosa que fazemos. Pode ser uma obrigação ou uma alegria. Pode ser mortal. Pode ser vida.

Considerando tudo isso, talvez faça sentido ter algumas regras. Regras podem ser úteis, é óbvio. A sociedade precisa funcionar, e os seres humanos são capazes de fazer coisas terríveis uns com os outros. Nós roubamos besteiras, tentamos esconder dinheiro do governo para não pagarmos o que devemos. Não podemos partir do princípio de que todo mundo vai ser legal. É por isso que temos leis — sejam elas aprovadas pelo governo ou induzidas por normas sociais.

Mas a lei religiosa nunca vai nos manter tão seguros quanto acreditamos. Por exemplo, dizer a adolescentes — aqueles seres selvagens, lindos e loucos, cheios de hormônios — que é melhor se absterem de sexo e nunca pensar nisso raramente dá certo. E mesmo quando dá, as consequências podem ser terríveis. Os adolescentes que conseguem engolir suas reações e desejos sexuais podem acabar como Trent, tentando conectar fios partidos mais tarde na vida, desconhecendo sua identidade como seres sexuais.

A principal conquista desses esforços é que os adultos sentem que estão *fazendo* alguma coisa. Achamos que estamos protegendo nossos filhos. Achamos que estamos mantendo-os seguros. Achamos que estamos mantendo-os puros. E esses instintos são nobres. Porém, é mais provável que estejamos projetando nossos problemas neles — o medo de nossos desejos, a pressão social e as normas culturais de nossa comunidade religiosa. Atrasamos a vida de nossos filhos ao negar acesso às ferramentas e à sabedoria de que precisam para ter um futuro sexual saudável, ou os mandamos procurar orientações com seus colegas e na internet.

Em 1979, minha mãe me deu um livro verde-menta, *Wonderfully Made* [Criados de forma maravilhosa, em tradução livre], cuja capa exibia o desenho de quatro homens de cabelo castanho no topo e quatro mulheres louras embaixo, enfileirados do mais novo ao mais velho, do menor ao maior. Em cada idade e tamanho, o menino branco segura uma bola de futebol americano embaixo do braço, mas apenas a menina mais nova está pulando corda; as mulheres mais velhas têm os braços vazios. Um desfile de normas de gênero, marchando para a minha vida com uma mensagem de tamanho único sobre o "plano de Deus" para sexo e casamento. Ela me disse para avisar se eu tivesse alguma pergunta. Foi essa a "conversa sobre sexo" que tive com meus pais.

Eu queria fazer algo melhor com meus filhos. Mas, quando chegou a minha vez de ter a "conversa sobre sexo", também não tive a menor ideia do que falar. Aqui, veja só:

2006: Planejo ter "a conversa" com Harper.
2007: Planejo ter "a conversa" com Harper.
2008: Planejo ter "a conversa" com Harper e Judah.
2009: Eu e o pai das crianças compramos um livro para cada, entregamos aos dois e dissemos para nos avisarem se tivessem alguma dúvida.

Por mais que eu fale que temos de ensinar aos nossos filhos sobre sexo, *essa* foi a "conversa" que tive com os meus quando eram mais novos.

Talvez você também tenha recorrido a esse método com os seus, apesar de querer fazer algo melhor. Se for o caso, você não está sozinho. Quem sabe até tenha se sentido igual a mim: com medo. Tive medo de ficar sem graça e de deixar meus filhos sem graça. Tive medo de falar muito, cedo demais. É difícil aceitar a sexualidade de nossa prole.

Porém, na época em que os dois se tornaram adolescentes, eu estava determinada a agir de um jeito diferente. E fiz isso, de certa forma. Foi difícil. Mas não impossível.

Quando Harper estava no último ano do ensino médio, nós duas estávamos no carro, indo para o mercado, quando ela virou para mim e disse:

— Justin comprou camisinhas, mãe. Só achei melhor te avisar.

Foi desse jeito prático que minha filha me informou que estava transando com o namorado.

Tentei não entrar em pânico. Afinal de contas, ela era mais velha do que eu era na minha primeira vez com Jeff.

— Posso dormir na casa dele na sexta? — perguntou Harper. — A mãe dele deixou, e ela vai estar lá e tudo.*

Minha filha já estava passando muito tempo na casa do namorado, mas eu confiava nela. Mas, de repente, não consegui acessar a mulher moderna e empoderada que queria que adolescentes tivessem aula de educação sexual em um evento da Igreja.

Demorei um pouco para responder. Minha cabeça estava cheia. Pensei em como eu adorava Justin. Ele era doce e diferente, com seu cabelo ruivo, os tênis de lona com estampa de dinossauro e a mochila que parecia o escudo do Capitão América. O garoto era um fofo e muito bonzinho.

Mesmo assim, minha primeira reação sobre ela dormir lá foi... não.

Mas, se eu a proibisse, Harper poderia me desafiar e ir de qualquer maneira. Talvez fizesse o que eu fiz e obedecesse a

---

* Para uma leitura fascinante sobre como a maioria dos norte-americanos é contra a ideia de os filhos adolescentes dormirem na casa dos namorados/namoradas, enquanto os holandeses com o mesmo nível educacional e situação socioeconômica não se importam, e os motivos para isso, leia o livro de Amy T. Schalet, *Not Under My Roof: Parents, Teens, and the Culture of Sex* (Chicago: University of Chicago Press, 2011).

seu coração, não a sua mãe. Tudo isso porque eu não era capaz de aceitar a realidade de que sua vida evoluía. Se deixasse, pelo menos estávamos nos comunicando, e eu saberia onde ela realmente estaria naquela noite.

Ainda assim, pensei: *E se as pessoas descobrirem que deixei minha filha de 18 anos dormir na casa do namorado? Que coisa horrível. Posso aproveitar para comprar um maço de cigarros e meia dúzia de raspadinhas para ela.*

Mas não falei nada disso. Só olhei para Harper e disse:

— Tudo bem. E obrigada por me perguntar.

— Precisamos de leite — foi tudo que minha filha falou enquanto entrávamos no mercado.

Ela estava bem.

Eu estava enlouquecida.

Depois de colocarmos as compras da semana no porta-malas, estacionamos diante de nossa casa, desliguei o carro e olhei para ela. Queria que Harper recebesse mais do que a permissão da mãe, mais do que consentimento. Ela merecia *preocupação*.

— Eu quero que você goste de sexo, querida — disse eu, tentando ser o mais sincera possível ao mesmo tempo em que me esforçava para soar prática. — Quero que se sinta confortável com o seu corpo, que entenda seus desejos e saiba como comunicar isso aos seus parceiros. Então comece esse processo agora. Conheça a si. Deixe explícito aquilo que quer ou não quer. São coisas que serão úteis por sua vida inteira.

Quase comecei a chorar enquanto falava, pensando no ursinho em nossa cozinha com os Post-its amassados no lugar dos seios. Agora, eu queria para Harper as mesmas coisas que queria naquela época, que ela estivesse em segurança, livre, e não se envergonhasse do próprio corpo.

Respirei fundo, segurando as lágrimas. Ela me olhou nos olhos. Não havia vergonha nem timidez ali. Isso me deu forças para continuar.

— Quero que você faça boas escolhas e trate seus parceiros com respeito e preocupação. E espero que sua fé faça parte da sua sexualidade, e vice-versa. Outra coisa. Sabe aquela alegria que você sente com Justin? É o sentimento mais maravilhoso do mundo. Mas quero que entenda que, se as coisas derem errado, ou se e quando vocês terminarem, a tristeza pode ser proporcional. E vai ser terrível. Mas isso não significa que fizeram alguma coisa errada. É apenas inevitável, e você vai aprender muito sobre si. — Pensei por um instante. — E mais uma coisa — disse, por fim. — Faça xixi depois. Não quero que pegue uma infecção urinária.

Harper riu e deu aquela revirada de olhos básica dos adolescentes.

— Eu seeeeei! — brincou ela.
— Eu te amo, querida. E confio em você.

Dezoito meses depois, no verão de 2018, meu filho, Judah, passou uma semana fora de casa com trinta mil adolescentes no Encontro de Jovens da ELCA, em Houston. Lá, no salão de exibições bem-iluminado e com pé-direito alto, entre o anúncio da Arrecadação para a Fome Mundial, a música acústica no palco, a roda-gigante do tamanho de um adulto e as barraquinhas de pizza, havia uma pequena mesa de uma igrejinha de Denver com educadores sexuais profissionais.

A organização tinha dito sim desta vez.

Criação III
QUEM FALOU QUE VOCÊ ESTAVA PELADO?

Nós não sabemos se todos os animais falavam naquela época ou se, por algum motivo, era só a cobra. Mas a cobra era uma filha da puta manipuladora. Ela queria causar confusão, então, em um exemplo épico de intriga, resolveu fazer fofoca de Deus para Eva.

Como em um episódio de reality show, a cobra rastejou até a mulher e disse:

— Querida, você sabe que eu te amo, né? Quer dizer, é *só* por isso que estou me metendo, mas Deus disse mesmo que vocês não podiam comer as frutas daquelas árvores lá? Ele falou isso com essas palavras?

— Bem, mais ou menos, acho — respondeu Eva. — Quer dizer, a gente pode comer as frutas de qualquer árvore; Deus só disse que aquela ali no meio não é comestível, e que não podemos nem encostar nela, o que é estranho. Se fizermos isso, morremos.

A serpente viu sua oportunidade.

— Que absurdo! Deus falou isso mesmo? Assim, eu sei que vocês são próximos, mas, amiga, essa história de morrer é balela. Deus só disse essas coisas porque sabe que, se vocês comerem as frutas daquela árvore, vão se tornar iguais a Ele, sabendo diferenciar o bem do mal. Esse tipo de comportamento me deixa com pena do sujeito, sabe?

Eva viu que a árvore do conhecimento do bem e do mal era linda, com frutos deliciosos, e uma promessa desejável de sabedoria. Ela comeu a fruta — e, só para deixarmos registrado, seu marido extremamente passivo, que não fez nem disse porra nenhuma, também comeu. Em vez de aproveitar a liberdade que Deus lhes dera e apenas serem quem são, os dois deram ouvidos a uma voz diferente da do Senhor, acreditaram na serpente e trocaram a vida pela sabedoria do bem e do mal.

No momento em que comeram a fruta dessa árvore, seus olhos se abriram, e a liberdade da vida — a liberdade de apenas estarem com Deus como seres criados por Ele, permitindo que o Criador fosse quem era, e que os dois fossem quem eram, necessitando do Divino — desapareceu.

Foi nesse instante que a ideia da "nudez" surgiu. Antes, ela não existia. Agora, os humanos cobriam seus corpos, envergonhados. E é exatamente assim que a vergonha funciona: ela nos faz odiar nossos corpos, obscurece a imagem de Deus dentro de nós, faz com que nos escondamos, nos deixa com medo de Deus, nos leva a culpar os outros.

No dia seguinte, Deus estava passeando pelo jardim e percebeu que os terráqueos tinham sumido.

Então, Ele gritou:

— Gente, cadê vocês?

Mas os dois se escondiam.

Antes do peso do bem e do mal e das regras idiotas que sempre atormentaram as religiões entrarem na mente e no coração dos seres humanos, não havia vergonha — sobre nosso corpo, nossos desejos ou nossa aparência. Não existia motivo algum para se esconder de Deus.

Porém, em vez de estarem com Ele, seguindo o propósito da sua criação, os humanos escolheram tentar ser *como* Deus, e até hoje não se esqueceram dessa merda. A gente ama falar sobre nosso suposto conhecimento sobre o que é certo e o que é errado, sobre quem é bom e quem é mau, e aplicamos isso a nós e aos outros como se fôssemos Deus.

A primeiríssima expressão de vergonha se tratou de nosso corpo pelado, sexual. E, desde então, nós, terráqueos, tentamos definir e controlar a sexualidade humana.

A vergonha tem uma origem, e ela não veio de Deus. Quando Adão e Eva tentaram fugir, o Senhor disse:

— Cadê vocês?

E eles responderam:

— Nós estávamos pelados e tentamos nos esconder porque ficamos com medo.

Então Deus perguntou:

— Espere aí. Quem falou que vocês estavam pelados?

Quem falou que eles estavam pelados? Aposto que foi a cobra. Por algum motivo, Deus nos permite viver em um mundo em que existem alternativas para Sua voz, e foram dessas alternativas que a vergonha surgiu.

Talvez você também esteja se escondendo, depois de escutar uma voz diferente da do Criador. Mas será que consegue escutar Deus dizendo: "Espere aí. Quem falou que você estava pelado? Quem falou que você precisa mentir para ser aceito? Quem falou que seu corpo não é lindo nem digno de amor? Quem falou que sua expressão sexual é motivo para vergonha? Quem falou essas coisas?"

Aposto que foi a cobra. E ela é uma mentirosa.

SINTO CHEIRO DE SEXO E DOCES

> No fundo, [Deus é] um hedonista. Todos esses jejuns, e vigílias, e fogueiras, e cruzes são apenas fachada. Ou apenas como a espuma sobre a areia da praia. No mar, no mar Dele, há prazer e mais prazer. Deus não faz segredo disso. Em sua mão direita estão os "prazeres pela eternidade". Argh!... Ele é vulgar, Vermebile. Tem uma mente burguesa. Encheu Seu mundo de deleites. Os humanos fazem coisas o dia inteiro sem que Ele se importe — dormem, se lavam, comem, bebem, transam, jogam, rezam, trabalham. Tudo precisa ser *destorcido* antes de servir para nós. A gente luta em uma desvantagem cruel. Nada fica naturalmente do nosso lado.
>
> — Um demônio conversando com outro em *Cartas de um diabo ao seu aprendiz*, de C. S. Lewis.

Sempre tive um pouco de medo da minha avó Helen. Ela insistia em ser chamada de "vó", nunca "vovó" ou "vovozinha". Mas, apesar de sua frieza, era uma mulher boa.

Há pouco tempo, perguntei à minha irmã mais velha se ela achava que a avó Helen tinha sido feliz.

— Acho que ela era feliz quando a cozinha estava limpa — respondeu Barbara, e concordo.

Minha avó esfregava o chão de sua cozinha minúscula todos os dias com suas pequenas mãos artríticas.

Na infância, eu às vezes a observava arrastar um banco até a geladeira cor de abacate e esticar a mão nodosa até uma caixa branca no topo. Ela pegava algo que parecia um caramelo, tirava a embalagem e o jogava na boca. Lembro que eu sempre me sentia traída por ela não dividir o doce comigo. Mas minha mãe explicou que o caramelo de minha avó não era uma sobremesa, mas um remédio para perder peso.

Os doces emagrecedores Ayds eram um supressor de apetite popular na década de 1970 e começo da de 1980. Eles foram tirados do mercado por motivos óbvios. Se você jogar "doces emagrecedores Ayds" no Google, vai encontrar antigos anúncios de televisão com falas infelizes como "Por que tomar remédios para emagrecer quando você pode apreciar um Ayds?" ou "Ayds ajuda você a perder peso com segurança e eficiência!".

O principal ingrediente era benzocaína, um elemento químico que entorpecia as papilas gustativas. (Parece caramelo, tem gosto de flúor.) Para minha avó e muitas mulheres da sua geração, a atração do açúcar e o prazer de um doce de verdade eram tão cheios de perigo que elas comiam balas de mentira e depois tomavam uma lata de refrigerante diet cheio de sacarina para tirar o gosto.

Olhando para trás, quero encarar o hábito da minha avó de evitar o prazer da comida de verdade e preferir ingerir um anestésico local como uma excentricidade neurótica, porém, suspeito que a questão seja mais profunda. Aprendi logo no começo que nosso relacionamento com o prazer é *complicado*.

No que se refere a questões de teologia, o Criador nos deu a capacidade de sentir desejo e prazer. Não precisava ter sido assim, mas Deus nos concedeu esse dom. Pense, por exemplo, no humilde clitóris, aquele montinho mágico de terminações nervosas cuja única função biológica é causar prazer sexual nas mulheres. Ao contrário do pênis, que tem múltiplas utilidades, o clitóris literalmente não serve para mais nada além de dar prazer.

Nossas papilas gustativas explodem de felicidade com a primeira colherada de um bolo de chocolate, e isso é um dom de Deus. "Ele encheu Seu mundo de deleites", como insiste o demônio de *Cartas de um diabo ao seu aprendiz*, de C. S. Lewis. E também com bolo, e com sexo.

Enquanto eu e Sam tomávamos um café no Hooked on Colfax no fim de uma manhã, ele descreveu os ensinamentos que recebera na adolescência. Toda quarta à noite, o grupo jovem de Sam se reunia em um ginásio escuro enfeitado como o palco de um show de rock: panos decorativos, equipamento de som profissional e um espetáculo de luzes. O pastor magro e bonito com uma barbicha e calça jeans skinny transmitia mensagens sobre os perigos do sexo, drogas e álcool.

No Evangelho de Mateus, Jesus diz: "Ouviram o que foi dito: 'Não cometerás adultério.' Mas digo que aqueles que olham para uma mulher com cobiça já cometeram adultério em seu coração." Esse era um dos versículos favoritos dos pastores do grupo jovem de Sam, que o usavam para alertar seus pupilos sobre até *pensar* em sexo. Se desejar uma mulher era tão ruim quanto cometer adultério, segundo sua lógica, pensar em sexo era pecado.

— O mais esquisito — contou Sam — era que eles não se preocupavam com estupros, assédio sexual ou até desrespeitar os outros. O problema eram os "pensamentos impuros" e o desejo.

Há duas coisas erradas aí, na minha concepção: a primeira é que estavam falando com adolescentes, cujos corpos são projetados para se tornarem sexuais, e a segunda é que a palavra grega para desejo, *epithymia*, se trata de desejo geral, não apenas sexual. Se *epithymia* significasse uma paixão carnal, algumas das coisas que Jesus disse seriam bem esquisitas. (Por exemplo, Lucas 22:15: "E disse-lhes: tive *pensamentos sexuais* sobre comer convosco nesta Páscoa antes que eu padeça.")

Assim como Sam, aprendi na infância que os Dez Mandamentos — e, na verdade, todas as regras na Bíblia, além de várias que a igreja simplesmente inventava — existiam porque Deus nos ama e quer nossa felicidade. Porém, no seminário luterano, aprendi que os Dez Mandamentos se referem mais ao fato de Deus amar nosso próximo e querer protegê-lo de nós. Quando Martinho Lutero tirou o espaço livre central do *Não matarás* de nossa cartela de bingo moral, ele imitava Jesus. Naquele trecho de Mateus, Jesus diz que *Não cometerás adultério* não se trata apenas de não transar com alguém diferente de seu cônjuge.* Mais uma vez, o que ele quer dizer é "Ame o próximo. Pessoas não são objetos. Não vamos magoar uns aos outros".

Mesmo assim, Sam ficava sentado no ginásio transformado em show de pop barato, escutando os alertas sobre pensamentos

---

* Para quem estiver interessado em aprender de verdade sobre os motivos para a infidelidade, aconselho muito que leiam *Casos e casos: Repensando a infidelidade*, de Esther Perel (Objetiva, 2018).

sexuais e ceder ao desejo. A pornografia, especificamente, era condenada através de um alerta do tipo "Deus sabe que sites você visita escondido".

— Sempre havia um quê de "Se você continuar seguindo esse caminho de pecado [olhando pornografia], não é cristão de verdade" — explicou ele para mim por cima dos sons de mães cheias de cafeína tentando acalmar os filhos cheios de açúcar. — Juntas, todas essas mensagens serviram para me convencer de que a minha fé não era verdadeira, porque eu precisava "combater" o desejo sexual.

No entanto, estou aqui para deixar explicado e óbvio: a menos que seus desejos sexuais sejam focados em menores de idade ou animais, ou que suas escolhas magoem você ou seus entes queridos, eles não são algo que precise ser "combatido". Desejos devem ser escutados, pensados, explorados, talvez até com cautela. Mas combatidos? Enfrentados? Tidos como inimigos? Não.

Assim como Trent, Sam ignorou essa parte de si para agradar a Deus. Ele se desconectou do próprio corpo e de seus desejos, e tudo deu errado. Com o tempo, Sam começou a sentir dificuldade em se conectar até com os próprios sentimentos, a expressá-los e ser escutado pelas pessoas mais próximas. Na ausência dessas conexões fundamentais, íntimas, ele tentou amenizar sua dor com pornografia.

Sam agora acredita que é viciado em pornografia.

Em meu trabalho pastoral, comecei a suspeitar que, quanto mais alguém é exposto a ensinamentos religiosos sobre controlar desejos, evitar pensamentos sexuais e evitar a luxúria em seus corações, menos essa pessoa se torna física, emocional, sexual e espiritualmente integrada. Também notei que, quanto menor for essa integração, mais pornografia é consumida. Isso é uma observação, não um estudo científico.* Mesmo assim, quero parabenizar os cristãos conservadores por seu sucesso em incentivar uma indústria que alegam detestar.

Talvez algo parecido acontecesse se vivêssemos dizendo a mesma coisa para as crianças sobre chocolate: "Chocolate é muito gostoso, e Deus criou o chocolate para ser aproveitado, mas só podemos comê-lo de forma segura depois que encontrarmos a única pessoa com quem Deus quer que nosso chocolate seja dividido. Até lá, Ele espera que a gente evite a tentação e controle nosso desejo pela delícia do chocolate. O diabo vai fazer tudo o que for possível para nos convencer de que o chocolate é delicioso, então se certifique de não assistir a filmes em que as pessoas comem chocolate. E, meninas, os meninos gostam mais de chocolate do que vocês, então não usem camisas que os façam pensar nisso. Chocolate é perigoso. Delicioso, mas perigoso. Nem *pense* nele."

---

* No entanto, *existem* estudos científicos que mostram que permitir que os adolescentes vivenciem sua sexualidade é importante para seu progresso: "Começando na puberdade, as transições de desenvolvimento em redes neurais relacionadas à motivação, recompensa e ao processamento social--emocional provavelmente criam um ponto de inflexão especial para o amor romântico e a excitação sexual serem interpretadas como recompensas positivas. Um objetivo primário para adolescentes é aprender como iniciar e vivenciar relacionamentos românticos e sexuais. Adicionalmente, esses primeiros relacionamentos românticos têm consequências importantes para o desenvolvimento da identidade, o aprendizado sobre comportamento sexual e as futuras trajetórias de relacionamento. Pais, médicos e educadores podem fornecer oportunidades de aprendizado relevantes nessa área, mas, ao mesmo tempo, a maioria dos ensinamentos relevantes é encontrado em experiências pessoais." A. B. Suleiman et al., "Becoming a Sexual Being: The 'Elephant in the Room' of Adolescent Brain Development", *Developmental Cognitive Neuroscience* 25 (2017): 209-220.

Eu apostaria todas as minhas economias que, se fizéssemos isso, todas as crianças do mundo diriam: "Caramba, preciso arrumar um chocolate!" Eles fariam perfis falsos nas redes sociais e comprariam chocolate pela internet. Teriam compulsão por assistir a vídeos de pessoas comendo chocolate de maneiras cada vez mais perturbadoras. Sua fome por comida de verdade seria anestesiada. Elas devorariam chocolate barato — tipo aqueles de guarda-chuva, sabe? Ou fariam o contrário, se distanciando de sua capacidade de determinar se realmente querem chocolate, ou como pedir por ele, ou que tipo de chocolate gostam mais.

Não há nada de errado com o fato de que nosso corpo foi criado para sentir prazer. Não há nada de errado com o fato de que nosso corpo é estimulado por histórias e imagens sexuais. É uma resposta empática. E da mesma forma que os humanos comem doces desde os primórdios dos tempos, também criamos imagens eróticas assim que aprendemos a riscá-las dentro das cavernas.

Portanto, a diferença é que, uma geração atrás, não havia acesso rápido a coisas como raspadinha de gelo e o Porn Hub. Hoje em dia, tanto os doces quanto o sexo estão disponíveis 24 horas por dia, sete dias por semana, de formas cada vez mais condensadas e com uma simplicidade de alcance que nossos ancestrais jamais imaginariam. E eu me pergunto se o preço disso, entre outras coisas, é uma *perda* de prazer, não um ganho. Será que podemos aproveitar o prazer do corpo de nosso cônjuge de meia-idade após consumir duas horas seguidas de pornografia na internet com atores jovens, dispostos, sem pelos e de uma perfeição impossível? Como podemos apreciar a doçura de uma maçã depois de tomar um litro de refrigerante?*

Alain de Botton, o filósofo ateu que mencionei antes, fez uma ótima observação sobre o assunto: "Um cérebro originalmente projetado para lidar com nada mais tentador que um vislumbre ocasional de um membro de outra tribo do lado oposto da savana não sabe o que fazer diante das atuais ofertas na rede disponíveis com o clique de um botão, quando é confrontado com ofertas para participar continuamente de situações que superam qualquer sonho da mente doentia do Marquês de Sade. Não há nada robusto o suficiente em nossa constituição mental que compense os desenvolvimentos em nossas capacidades tecnológicas."** Na era do xarope de milho de alta frutose e da pornografia da internet, às vezes me pergunto se perdemos a capacidade de compreender o prazer da forma como ele foi criado para sentirmos.

Aqui vai o que sei sobre a lista que o grande C. S. Lewis colocou na boca de um dos seus personagens ("dormem, se lavam, comem, bebem, transam, jogam, rezam, trabalham"): cada uma dessas coisas é moralmente neutra. Cada uma dessas atividades pode ser nociva se executada em excesso. E cada uma delas também pode ser motivo de alegria. Se você dormir demais, sua vida desmorona; caso durma de menos, não consegue funcionar. Se você se lavar demais, vai acabar com um TOC e a pele

---

* Um assunto que merece ser explorado em outra ocasião é o aspecto financeiro da pornografia e do açúcar. Quem ganha dinheiro com essas duas coisas, e de que formas nós, enquanto consumidores, somos manipulados a consumir ambos de modo compulsivo?
** Alain de Botton, "Why Most Men Aren't Man Enough to Handle Web Porn", blog Speakeasy, *Wall Street Journal*, 26 de dezembro de 2012.

em carne viva; caso se lave de menos, vai ficar fedido. Se você rezar demais, vai esquecer-se de tomar atitudes reais; caso reze de menos, vai esquecer-se que existe uma força maior. Se você transar demais, vai ficar dolorido (e a louça nunca será lavada, e não vai haver tempo para sentir falta de sexo); caso transe de menos... o que acontece?*

Então, como os seres humanos com naturezas duais (sendo, ao mesmo tempo, pecadores e santos) enfrentam um mundo cheio de prazeres quando é tão fácil cair em alguma extremidade do espectro abstinência-indulgência? Bem, talvez a gente devesse considerar qual é a nossa teologia do prazer. Porque, meu amigo, não acredito que Deus esteja monitorando sua capacidade de evitar os prazeres da vida. Ver imagens sexualmente explícitas não precisa ser prejudicial, assim como comer bolo.** Mas *existe* um perigo potencial nas duas coisas, que varia de acordo com nossa personalidade individual: nossa estrutura, nossa história, nossos relacionamentos.

Não sei por que algumas pessoas conseguem tomar meia cerveja e ir embora para casa. Depois de 26 anos de sobriedade, ainda me vejo encarando o restante da bebida no copo, me perguntando como podem ter sido tão burros. Eu jamais deixaria

---

* Existe um preço a pagar por fazer sexo de menos? Para algumas pessoas, sim. Mas há alguns poréns. Há indivíduos que realmente são assexuais, sem qualquer desejo por contato genital, e, mesmo assim, continuam sendo pessoas que podem e devem sentir prazer e se conectar de outras formas. Também há aqueles que escolhem o celibato e o consideram um presente.
** Alguns membros da minha paróquia me contaram que, na verdade, assistir pornografia os ajudou no processo de autodescoberta. É algo que incitou a curiosidade sobre si. Por que algumas imagens os estimulam, enquanto outras, não? E como essa informação pode ser útil no relacionamento sexual com seus parceiros?

uma gota para contar a história. Já tive muitos momentos em que cogitei pegar o resto da garrafa e dar cabo dela.

Porém, se eu fosse beber aqueles 200 mL de cerveja, um interruptor se acionaria em mim, e, independentemente das consequências, independentemente de saber que aquilo não terminaria bem, eu continuaria bebendo, talvez até desmaiar. Também não sei por que consigo comer quatro batatas fritas e parar, ao contrário da minha amiga Sophie. O mesmo vale para jogos de videogame. E exercícios físicos. E roer unhas.

Algumas pessoas conseguem comer um pedaço de bolo de chocolate por mês, ficar satisfeitas com o prazer que aquilo dá e depois voltar imediatamente para sua dieta equilibrada. Mas, se você sabe que comer bolo de chocolate liga seu interruptor e, de repente, tudo o mais perde o gosto, chegando ao ponto de que seu único desejo é comer bolo, talvez essa sobremesa não seja para você. Mesmo assim, não vou dizer que ninguém deveria comer bolo e que ele destrói vidas, assim como jamais direi que as pessoas não devem beber porque o álcool destruiu a minha. Ou que ninguém deveria ver imagens eróticas porque Sam desenvolveu um comportamento destrutivo em torno delas.

É lógico que problemas podem surgir do consumo de pornografia, inclusive sentimentos de traição do parceiro e comportamentos compulsivos que inibem atividades sexuais saudáveis.* (Sem mencionar que existem questões sérias sobre consentimento, dignidade e justiça na indústria pornográfica.) Algumas pessoas conseguem assistir a vídeos pornôs e ainda ter uma conexão muito real e íntima com seu parceiro; para

---

* Para descobrir outra perspectiva sobre os efeitos da pornografia, veja Pamela Paul, *Pornificados: Como a pornografia está transformando a nossa vida, os nossos relacionamentos e as nossas famílias* (Cultrix, 2006).

elas, assistir aos filmes juntos não desmerece nem desrespeita sua relação. Já escutei essa história na minha paróquia. Outras precisam evitá-los completamente. Para estas, basta alguns momentos de pornografia para não conseguirem parar, independentemente de quaisquer motivos que puderem pensar para se controlar, e a compulsão causa insegurança em seus parceiros, além de problemas de intimidade no relacionamento. Também já escutei *essa* história na minha paróquia.

Não tenho respostas. Mas não vou seguir o caminho fácil da indignação moral sobre pornografia usado tanto por liberais quanto por conservadores. Não enquanto seu consumo é tão onipresente. Aposto que um diagrama de Venn sobre aqueles que expressam nojo de pornografia (seja por motivos de justiça ou por moralidade sexual) e aqueles que assistem a vídeos pornôs em segredo mostraria uma grande sobreposição. É assustador e solitário falar uma coisa e fazer outra, e eu, como pastora, não tenho qualquer interesse em piorar a vergonha que tantas pessoas já sentem sobre consumir pornografia, especialmente aquelas que acham que deviam ser "melhores que isso". Acredito que podemos aplicar a ética da preocupação e reconhecer o perigo potencial sem criticar o comportamento.

A questão é que precisamos prestar *atenção*. Será que algo melhora minha vida e meus relacionamentos, ou me domina? Meu comportamento é compulsivo? Quando eu ou meu parceiro sentimos esse prazer, algum de nós está se aprofundando mais no momento, no sagrado, em nossos corpos, ou isso é algo que separa um ou ambos dessas coisas?

Acredito que nossa capacidade de sentir prazer no geral, e sexual e alimentício em específico, seja um dom de Deus, mas também estou ciente de que esses dons podem ser complicados e facilmente distorcidos, como Fitafuso diria — distorcidos em coisas perigosas que evitamos (e, assim, acabamos comendo "doces dietéticos" cheios de benzocaína e tentando evitar *pensamentos* sexuais) ou em analgésicos para a dor com que nos empanturramos (e, assim, acabamos comendo escondido um cheesecake inteiro ou assistindo a *Edward Mãos de Pênis* no computador).

Como pastora, me preocupo com o ódio por si descrito por Sam e me pergunto como podemos tratar o prazer sexual como algo que nos conecta de forma mais profunda com nosso interior, com os outros e com Deus, e, ainda assim, falar a verdade sobre como nosso comportamento diante do sexo também é capaz de causar o oposto. Talvez fosse bom começarmos com o que São Paulo escreveu em 1 Coríntios: todas as coisas são permitidas, mas nem todas são benéficas.

Para início de conversa, acho que a Igreja devia ser uma instituição que tem a coragem de incentivar explorações saudáveis sobre o que realmente é erótico, no seu melhor sentido. O erótico pode ser aquilo que nos abre, descascando nossa camada protetora. Como um limão, existe uma parte suculenta e deliciosa de nós, que pode murchar caso permaneça exposta por muito tempo. É isso o que o erótico acessa. A casca existe por um motivo. Não há nada de errado com isso. Não consigo seguir pelo mundo sem proteger as partes de mim que são mais doces e vulneráveis. Mas o erótico pode ser a maneira em que o aroma do pescoço de um parceiro expõe algo nosso, como uma unha que faz a primeira abertura na casca da tangerina. O vascular e o venial se tornam um, e até nossa respiração muda. O erótico expõe camadas complexas da superfície: psique, coração, corpo, desejo, beleza.

Jesus, como nós sabemos, foi acusado de ser bêbado e glutão, amigo de prostitutas e coletores de impostos. Seu primeiro milagre foi criar mais vinho para a festa em que estava. Então ele não era um cara que tinha medo do prazer. Mas também passou quarenta dias em jejum no deserto e costumava ir à montanha para rezar sozinho. Ele parecia ter uma vida integrada de fartura *e* limitações.

Quando pensamos no prazer, pode parecer óbvio a esta altura sugerir equilíbrio em todos os momentos. Mas eu mesma tenho dificuldade em ser moderada. Não faço nada *aos poucos*. Minha amiga Heather brinca que só tenho duas velocidades: em movimento e parada. Então não vou fazer propostas sobre equilíbrio.

Uma vez, eu estava na sala da minha diretora espiritual, Jane, e reclamei que achava que toda essa questão do equilíbrio — na qual conseguimos fazer e ter tudo se formos capazes de manter uma estabilidade perfeita — é outra bobagem espiritual popular que a sociedade inventou para fazer a gente se sentir mal.

— Talvez — disse ela, paciente como sempre. — Às vezes, "ritmo" seria uma palavra melhor. — Com a palma da mão, Jane bateu no joelho em um compasso suave. — Você é capaz de encontrar um ritmo sustentável entre estar em movimento e parar?

Ela devia saber do que estava falando. Talvez o ritmo, não o equilíbrio, seja a chave para não cairmos da gangorra do prazer de mais ou de menos. Pode ser aí que a misericórdia entra. Ao nos permitir um pouco de tempo em cada extremo, em vez de ficarmos perpetuamente monitorando a moderação. Um ritmo entre fartura e limitações. Entre indulgências e negações. Entre a Quaresma e a Páscoa. Com base na atenção sobre quem somos, como funcionamos, com o que conseguimos lidar ou não, o que nos faz mal, o que nos traz alegria. O tipo de prazer *verdadeiro* que surge, por exemplo, com as primeiras colheradas de algo doce após dias de restrição ou a emoção de apenas ver nosso parceiro tirar a camisa quando não o vemos pelado há alguns dias.

> *Como amantes buscando o paraíso em excesso,*
> *os irremediavelmente insaciáveis esquecem*
> *como a paixão atiça os apetites*
> *que a indulgência descontrolada entorpece.**

Ritmo. Encontrar um que seja passível de dança, de vida, de manutenção. Um tempo para trabalho, um tempo para o sexo, um tempo para servir, um tempo para bolo.

Não sei se minha avó Helen se permitia ter um ritmo no qual o prazer entrava, livre de vergonhas, nas sincopações entre as batidas de família, trabalho, religião e a manutenção de uma cozinha agradavelmente limpa. Torço para que sim.** Mas, caso contrário, espero que no céu, Jesus — a quem minha avó Helen amava com todo o coração — esteja pessoalmente lhe dando um bolo de chocolate e que ela finalmente aproveite o prazer dos doces de verdade, de preferência enquanto bate o pé e rebola ao som dos ritmos de Marvin Gaye. E que não exista um cubo de anestésico local em forma de doce em lugar nenhum.

---

* Samuel Hazo, "The Necessary Brevity of Pleasures", em *A Flight to Elsewhere* (Pittsburgh, PA: Autumn House, 2005).
** Tenho apenas uma certeza: minha avó pode ter lutado contra os prazeres da comida, mas ela e o vovô eram loucos um pelo outro.

Criação IV
A CARNE TRANSFORMADA EM PALAVRAS

No começo, havia Cristo, que caminharia na terra como Jesus de Nazaré, a Palavra transformada em carne, nascido de uma jovem de quem ninguém esperava, de forma normal.

No começo, era a Palavra de Deus transformada em carne que andava com péssimas influências. Motoristas de caminhão grosseiros, gerentes de fundo de investimento babacas, prostitutas ansiosas, professores de seminário ambiciosos, uma galera muito chata e esquisita, que gostava muito de beber. No começo, a Palavra nasceu, andava com um pessoal interessante e dizia coisas muito confusas que estamos tentando entender até hoje. "Os primeiros serão os últimos, e os últimos serão os primeiros." "Quem acha sua vida a perderá." "Bem-aventurados são os pobres de espírito." "Amai a vossos inimigos." "Orai por aqueles que vos maltratam." E a melhor de todas: "Seus pecados estão perdoados."

No começo, era a Palavra transformada em carne, a Água Viva, que andava com um pessoal interessante, ensinava umas coisas inesperadas, pregava o perdão dos pecados e também curava os doentes, ressuscitava os mortos e alimentava os famintos. E isso era mais do que conseguíamos suportar, então o traímos, o negamos, o acusamos, o chicoteamos e o crucificamos. E essa Palavra de Deus transformada em carne continuou falando apenas sobre perdão.

A Palavra se transformou em carne e se alojou no corpo de uma mulher humana. A Palavra se transformou em carne e lavou pés humanos, cheirou perfumes luxuosos, provou vinhos abundantes. Quando Jesus quis curar o cego, não mandou boas vibrações nem energia positiva; ele usou cuspe e terra. Lágrimas salgadas muito reais escorreram pelo rosto Dele ao sentir o fedor da morte em Lázaro, seu amigo.

A morte não podia conter o amor sagrado, desafiador e puro de Deus, e, no terceiro dia, Cristo a venceu, saindo do túmulo e tirando um tempo para apavorar os amigos e filar uns lanchinhos antes de subir de volta para o Pai. A Palavra se transformou em carne e viveu entre nós, e recebemos misericórdia atrás de misericórdia para nos tornarmos filhos do Senhor. E, ao fazer isso, queridas pessoas de Deus, agora *você* é carne transformada em Palavra.

9

AGITAÇÃO TERMINAL

Quando Michael apareceu na igreja no domingo com círculos de canetinha preta no dorso das mãos e nos cotovelos, imediatamente entendi o motivo: sobrevivência. Ele aprendera aquele truque durante um treinamento de primeiros socorros para seu trabalho como guia de trilhas em mata fechada. Se sua equipe fosse chamada para resgatar uma criança machucada, precisavam observar se havia algum hematoma ou qualquer tipo de ferimento no corpo dela. Se houvesse, Michael e a equipe deveriam demarcar o machucado, para registrar seus limites e conseguir determinar depois se ele estava aumentando ou diminuindo. O corpo estaria se curando ou ficando mais doente?

No fim de semana que o encontrei na igreja, Michael não sofrera um acidente. Ele estivera em uma clínica de desintoxicação. De novo. E os círculos tinham sido feitos em torno dos hematomas que seu corpo magro, de 30 anos, ganhara de agulhas no hospital, mais uma intervenção médica causada por sua depressão e dependência de álcool. Ele queria que as bordas retrocedentes daquelas marcas roxas fossem um lembrete de que estava melhorando, não piorando.

Tudo o que acontece conosco acontece com nosso corpo. Cada ato de amor, cada insulto, cada momento de prazer, cada interação com outros seres humanos. Cada comentário raivoso que fazemos ou que é dirigido para nós acontece em nosso corpo. Cada ato bondoso, cada tristeza. Cada risada. Carregamos tudo em nossa pele. Somos a personificação ambulante de nossa história inteira.

A escola primária de Michael ficava dentro de uma igreja, então todas as salas de aula também eram salas da escola dominical. Havia trechos das Escrituras nas paredes ao lado de instruções de caligrafia, e a imagem de um Jesus triste e decepcionado ficava próxima a pôsteres alegres com as letras do alfabeto.

Na quarta série, Michael e todos os meninos da classe foram levados a uma dessas salas para "uma conversa". Parado diante do Jesus triste estava o treinador Anderson, que deu para cada menino um pedaço de giz branco junto com uma orientação divertida, porém assustadora: eles podiam usar o giz para escrever qualquer palavrão que quisessem no quadro de giz. Como uma janela de intervalo de cinco minutos em que os meninos puderam escrever palavras feias, pecaminosas, a princípio tímidos, como se aquilo fosse uma armadilha, mas depois entusiasmados, como em triunfo.

Depois, cada um podia levantar a mão e dizer uma palavra proibida em voz alta, e o treinador Anderson explicava o significado dela e a qual pecado estava associada. Com o tempo, eles falaram sobre doenças sexualmente transmitidas — principalmente HIV, que o treinador chamava de "doença dos gays".

Depois da escola, quando o buscou, a mãe de Michael perguntou o que tinham aprendido naquele dia. Ele afastou a pilha de embalagens de fast-food sem fazer contato visual. Sabia que não devia contar que tinha aprendido sobre uma doença de gays. Michael não entendia o que era sua estranheza, mas sabia que era ruim e estava, de alguma forma, conectada com o seu corpo. E sabia que seria punido por aquilo. Sua verdade, se revelada, mudaria tudo ao seu redor, e as peças do quebra-cabeça de sua realidade não poderiam ser mudadas para formar outra imagem. Ninguém podia saber o que ele era nem como diferia dos outros meninos. Então tentou ignorar aquilo.

Michael logo começou a monitorar seu corpo e seus movimentos. Como os outros meninos se levantavam das carteiras? Seus braços balançavam demais? Ele aprendeu a se mover para esconder sua homossexualidade. Ocultar as diferenças de seu corpo era a chave da sobrevivência e, ao mesmo tempo, a fonte de suas feridas, que não podiam ser circuladas com canetinha. Elas criavam cicatrizes.

Entendo um pouco de cicatrizes. Tenho aquelas no meu rosto, das cirurgias para corrigir meus olhos esbugalhados, um sintoma da doença de Graves. Tenho uma no joelho direito, resultado da péssima ideia de que andar bêbada de moto em estradas congeladas seria "maneiro". E tenho uma na nuca, de quando subi no corrimão da escada e escorreguei de costas. Os comerciais de cereais fizeram minha versão de 6 anos acreditar que, se comesse aquela comida mágica, eu seria capaz de fazer as mesmas coisas maravilhosas que Fred Flintstone e Barney Rubble faziam.

Até recentemente, eu me recusava a usar biquínis porque, 19 anos atrás, engravidei, e agora meu torso inteiro é coberto por estrias. Não apenas uma ou duas, mas, tipo, cem ou duzentas.

Ter um bebê foi apenas algo que aconteceu na minha vida, e meu corpo carrega as marcas. E, por causa disso, passei duas décadas acreditando que não era digna de nadar em um traje de duas peças.

Nos limites da cidade texana de Michael, havia um riacho que ele chamava de Paraíso. Lá, sozinho, ele ficava pelado para sentir a liberdade de estar em seu corpo de menino sem o olhar daqueles que o "estranhariam". Ele andava pela água rasa, acetinada sobre as pedras cinza aquecidas pelo Sol. Deus estava ao seu lado ali, na sombra daquelas árvores, no calor daquele sol. Não o Deus raivoso que ele aprendera a temer, mas seu Criador verdadeiro e amoroso, que o guiava pelas águas tranquilas, restaurando sua alma; o mesmo Deus que, vinte anos depois, o levaria para um emprego em que guiava alunos pela mata, longe da cidade, da igreja e da cultura, rumo a um espaço em que Deus é livre das baboseiras que falam sobre Ele.

Após a ressurreição, Jesus mostrou suas feridas para os amigos enlutados. João 20:20 conta: "Jesus chegou, pôs-se no meio aos discípulos e disse: 'A paz esteja convosco.' E, dizendo isso, mostrou-lhe suas mãos e seu lado." Ele não tentou esconder a marca da lança, não tentou usar luvas para ocultar as mãos machucadas. Jesus não tinha vergonha alguma, da mesma forma que uma mulher de meia-idade, cheia de estrias, nadava de biquíni.

E assim como Jesus não tinha vergonha de seu corpo ferido, também não tinha medo dos corpos humanos que encontrava em seu caminho. Ele nunca fugiu de doenças ou deformidades. Nós sabemos que ele tocava corpos de pessoas com hanseníase, cegos, possuídos — aqueles com feridas físicas, espirituais e sociais. E Jesus sabia que, com sua ressurreição, ficaria conhecido por seus defeitos e suas cicatrizes.

Isso não vale para a gente também? Só compreendemos e somos compreendidos quando mostramos nossas marcas provenientes da vida. Eu nunca me senti realmente conectada com alguém que não tenha me mostrado suas partes confusas, quebradas ou até mesquinhas. Nosso sofrimento e nosso fracasso — as coisas que tentamos tanto esconder, as que causam vergonha, as que deixam cicatrizes — são o que nos dão textura. E, sem textura, não há nada para os outros se conectarem.*

Como diz Beyoncé: "Mostre-me suas cicatrizes e não irei embora."

Mesmo assim, muitos de nós só quer tentar seguir em frente. As cicatrizes estão lá, mas são encobertas. Achamos que não seremos afetados, que não devemos ser afetados, pelo aniversário de nosso casamento fracassado, ou por um episódio de abuso, ou pelo dia em que fomos humilhados por ser trans ou gay, ou o momento em que colocamos aquele anel de pureza no dedo. Nós pensamos, agora que sabemos que essas coisas não nos define, que devemos deixá-las para trás. Virar a página.

---

* "A vergonha extrai seu poder do fato de não ser explanada", escreve a pesquisadora e especialista no tema vergonha Brené Brown. "Se conseguirmos compartilhar nossa história sofrida com alguém que responda com solidariedade e compreensão, a vergonha perderá a força." (*A coragem de ser imperfeito: como aceitar a própria vulnerabilidade, vencer a vergonha e ousar ser quem você é*. Editora Sextante: Rio de Janeiro, 2013, 1ª edição.)

Mas isso quase nunca dá certo. E se coração e cérebro não reconhecem essas verdades, elas não desaparecem, pura e simplesmente. Elas se escondem em nosso corpo. Para mim, qualquer verdade que tento deixar de lado busca abrigo na minha lombar. Ignorá-la não faz com que ela desapareça; só a transforma em uma refugiada. E o campo de refugiados montado nas minhas costas só aumenta e fica mais doloroso com o tempo.

Existe um preço a pagar por ignorar o sofrimento, por tentar negar nosso processo de luto. Eventualmente o corpo *precisa* processar essas coisas, e, no fim das contas, um balão emocional virá cobrar a conta.

No dia 28 de setembro de 2016, sentei na cama do quarto do Marriott, onde estava hospedada, e mandei uma mensagem para meu namorado, Eric. Cobri minhas pernas com o edredom enquanto escrevia que ele devia ser legal comigo naquele dia porque era meu aniversário de vinte anos de casamento com um homem muito bom e gentil, de quem me divorciei. Eu não achava que me importaria tanto com um casamento que não queria mais, só que, quando Eric respondeu com um "Você é linda — por dentro e por fora", me debulhei em lágrimas. Aquele fora um ano de choradeira. Eu tinha chorado em trens, na igreja, ao telefone com amigos, sozinha em quartos de hotel. Mas, daquela vez, não conseguia parar. Ondas de tristeza me dominavam. Meu corpo tremia com a tristeza de não me sentir amada nem digna de amor. Eu tinha construído uma represa forte para esconder minha mágoa, mas não havia levantamento de peso, publicação de livros, terapia ou igreja que pudesse segurá-la.

Um membro da minha paróquia, Aram, um capelão de hospital bondoso e engraçado, certa vez me disse que, quando as pessoas estão morrendo, seus corpos podem passar por algo chamado "agitação terminal": nada consegue acalmá-los, não há respirações profundas nem morfina que dê jeito. É algo inquietante de observar, mas ele diz que encara a situação como o corpo resolvendo seus problemas. É como se todos os traumas não processados precisassem ser liberados antes de as pessoas fazerem a transição para a morte. Segundo Aram, é como diz a Escritura de Lucas 8:17: "Pois não há nada oculto que não venha a ser revelado, e nada escondido que não venha a ser conhecido e trazido à luz."

Meu corpo se convulsionava naquela cama do Marriott com a agitação terminal da morte de minha vida de casada. Ele liberava meus problemas antes de eu fazer a transição para o que viria a seguir. É impossível parar o corpo depois que se entra em trabalho de parto. Ele tem um trabalho a fazer, e você não tem alternativa além de acompanhá-lo. Da mesma forma, a tristeza tem um trabalho a fazer, e você acaba encharcando um edredom de hotel com lágrimas e catarro, sem fazer diferença o fato de que precisa se apresentar em público dali à uma hora.

Meu corpo sabia do que minha alma precisava.

Eu queria poder dizer que, depois de tantos anos, Michael está indo bem. Mas nem todas as histórias têm um final feliz. Ele luta. Muito. Daí os círculos em torno de seus hematomas de agulhas. Seu estado mental varia entre extremos. Ele bebe demais. Vai para cama com mais gente do que se orgulha. Mas parou de se esconder. Michael deixou de vigiar a forma como seus braços balançam. Ele fica triste por suas feridas e exibe as cicatrizes, e então, como resultado, procura as cicatrizes dos outros.

— Sempre gostei de cuidar dos outros — me contou naquele dia, na igreja, quando tinha feito círculos em torno de seus hematomas.

Ele me contou que tinha ficado com um cara que conhecera em um bar, e, depois, notara as cicatrizes em seus braços. Então os dois passaram a noite inteira conversando, trocando histórias sobre seus machucados, e Michael achava que isso era sagrado. Eu concordei.

Conversando com amigos e minha comunidade espiritual, percebi que muitos de nós precisam de um espaço para lamentar a sexualidade perdida ou distorcida. Você também precisa disso? Caso a resposta seja sim, quero convidar você para deixar o trauma não processado em seu corpo encontrar uma forma de ser extravasado. Talvez com um amigo confiável. Talvez sozinho. Talvez em uma igreja. Vamos contar a verdade sobre essas cicatrizes. Não porque elas nos definem, mas porque podemos defini-*las*. Vamos lamentar por não terem nos ensinado a amar e respeitar a dignidade inerente de nosso corpo humano. Vamos lamentar as décadas que fugimos do sexo quando poderíamos estar aproveitando. Vamos lamentar o sofrimento. Vamos lamentar os abusos. Vamos lamentar as perdas. Vamos lamentar os danos que os ensinamentos da Igreja nos causaram. Vamos lamentar nossos pecados e erros.

As cicatrizes fazem parte de nossa história, mas não são uma conclusão. O passado é nosso e sempre estará conosco, porém não é tudo. Ele é um *processo*, passando de feridas para cicatrizes, para tristeza, para a aceitação dessas marcas. É necessário tempo, e talvez terapia, e talvez se mostrar vulnerável em sua comunidade, e talvez passar por 12 passos, e talvez cometer muitos erros pelo caminho, e talvez sentir um pouquinho de alegria.

Então vamos definir as margens do sofrimento e de nossas perdas. Vamos fazer um círculo em torno deles com uma canetinha. E aí poderemos observar os hematomas se transformarem em cicatrizes. Vamos lamentar — às vezes sozinhos, às vezes juntos — e sentir nossa vergonha se dissipar, pouco a pouco. E entre nós estará Jesus, que nos cumprimenta com um "A paz esteja convosco", nos mostra suas mãos, seu lado, e pede "Mostre-me suas cicatrizes, e não irei embora". Então ele dirá: "Bem-vindo à ressurreição." E nos desejará boa sorte com os biquínis.

E no último dia (de terapia de reorientação sexual)

Um poema de Pádraig Ó Tuama

*Eu
acabei de
deixá-lo, pela
última vez, inventando
desculpas para deixar feliz
seu deus heterossexual. Ele está
criando um inferno na minha
vida pela última vez, mas
ainda não sei disso.
De algum jeito,
apesar de tudo, eu
aprendi algumas coisas para
tornar hoje o dia em que me torno
eu: como não olhar para trás;
como ver a luz na superfície
das águas no começo
da manhã; como
pegar um
graveto
na caverna
que me chama,
e transformá-lo em
uma fogueira que me
aquece; como começar a
acreditar que o louco diante
de mim está inventando*

*esse monte de merda;
como enfrentar a
necessidade
que tenho
de
encontrar
algo que me diga,
como se eu mesmo não
bastasse — eu acreditei que
nunca bastaria —, como aceitar
a história que sempre contei;
como abafar o medo que
diz que sou odiado;
como destruir o
eu que
crê
em todas
as bobagens
que ele jogou na
minha cara; como reverter
a dor com amizade; como falar
a verdade; como usar minha vida como
uma prova de vida; como desfazer
o primeiro nó que um tolo deu
e amarrou este tolo; como
deixar um deus dizer
cure, e dia, e calma,
e querido, e
respire*

10

MÁGICA TAMBÉM EXISTE

Ruthie, que é sexóloga, tentava nos ajudar.

— Formem trios ou quartetos — instruiu ela — e descrevam uma experiência espiritual importante que tiveram. Contem como se sentiram. Então busquem as semelhanças de linguagem ou imagens nas suas histórias e tentem criar uma definição de espiritualidade.

Nós nos reuníamos em terças-feiras alternadas no grande mezanino da antiga sinagoga que alugávamos para nossas reuniões da igreja sobre sexo e espiritualidade. Para muitos de nós, o simples fato de juntarmos as palavras "sexo" e "espiritualidade" era desconfortável, quase contraditório. Parecia algo saído da boca de um guru esquisito do sul da Califórnia na década de 1970 — algum tarado em calças de amarrar de linho que falava sobre bobagens autogratificantes.

Ruthie consegue falar sobre sexo de um jeito tão direto e prático que nos deixa confortáveis quase de imediato. Ela é viciada em tricô, tem as costas e os ombros fortes de quem já foi nadadora profissional e é *quase* tão alta quanto eu. Ela também se orgulha de ter aquilo que considero a tatuagem mais nerd da igreja, o que é impressionante, considerando que duas pessoas na HFASS têm desenhos inspirados em Flannery O'Connor. No peito de Ruthie há a imagem de um velho avião de brinquedo, cercado por um diagrama de linhas e equações, que representam todas as forças que agem na aeronave durante um voo: sustentação, peso, empuxo e arrasto.

Naquela noite, nós nos juntamos em três, seguindo as instruções dela: em um grupo, uma bibliotecária aposentada e divorciada, uma jovem professora solteira e um contador gay e casado; no outro, uma assistente social casada com 20 e poucos anos, uma operária lésbica e viúva, e uma *baby boomer* heterossexual. Descrevemos nossas experiências espirituais e relatamos ao grupo completo as semelhanças entre nossas respostas:

Aquilo que vai além das expectativas.
Aquilo que nos libertou de algo (como medo ou vergonha).
Reverência — diante da beleza ou do desconforto.
Apoio — mesmo que fosse incômodo, ainda havia algo nos reconfortando.
Transformação — uma aceitação radical da vida e de ultrapassar seus limites.
Mistério — difícil de explicar em palavras.
Aquilo que nos aprofunda em nós e, ao mesmo tempo, nos tira de nós.

Reagan quebrou o silêncio.
— Parece o tipo de transa que eu queria ter.
Todos riram em solidariedade quando percebemos que as respostas sobre uma espiritualidade positiva pareciam muito com uma transa boa.* Foi um alívio compartilhar uma risada

---

* Em *Redeeming Sex: Naked Conversations About Sexuality and Spirituality* (Downers Grove, IL: InterVarsity Press, 2015), Debra Hirsch descreve a sexualidade e a espiritualidade como dois lados inseparáveis da mesma moeda. Ela define a espiritualidade como o desejo de conhecer e ser conhecido por *Deus* (no sentido físico, emocional, psicológico e espiritual). E define sexualidade como o desejo de conhecer e ser conhecido por *outras pessoas* (no sentido físico, emocional, psicológico e espiritual). A palavra hebraica *yada* (saber) é, na verdade, usada para relações sexuais e para nosso relacionamento com Deus.

sobre sexo, especialmente porque muitas pessoas naquele salão eram assoladas pela vergonha sobre sua sexualidade.

Mas não Sheila, uma amiga próxima de nossa congregação. Sheila é sem-vergonha. Ela cresceu com cinco irmãos mais velhos e superprotetores na fazenda da família. Quando os irmãos perceberam que sua irmãzinha mais nova e adolescente era sexualmente ativa (ela não tinha papas na língua para falar sobre isso), tentaram mantê-la em casa, enchendo-a de tarefas pela fazenda. Sheila ganhara um bronzeado por cima de sua coloração naturalmente oliva, que manteve durante o começo da vida adulta por continuar adorando passar tempo em locais abertos.

— Minha pele é linda — vive dizendo ela, sem uma gota de vergonha.

Até hoje, Sheila ganha a vida ao ar livre, trabalhando em um zoológico, tendo se especializado em carneiros e bois do Oriente Médio. Ela e seu companheiro, Mike, se conheceram no trabalho. Aparentemente, Sheila sempre arruma tempo para dar em cima dele. No mínimo, manda mensagens de texto sensuais dizendo que quer se encontrar mais tarde e o que vão fazer juntos. Os dois competem de um jeito fofo e levemente antiquado: tentam ver quem consegue escrever versos mais poéticos sobre o corpo do outro usando apenas imagens que veem no serviço. Sheila recebe muitas mensagens brincalhonas no meio do dia comparando seus seios aos filhotes de gazela no berçário do zoológico.

Sempre me perguntei o que exatamente as pessoas querem dizer quando comentam que alguém "se sente à vontade com o próprio corpo", mas, apesar de ainda não ter certeza da resposta, sei que Sheila é um exemplo disso. Seus movimentos são confiantes, como se ela controlasse e mandasse em todos os ossos e músculos, não apenas contando com os necessários para se mexer. É como se estivesse ciente de cada centímetro seu e gostasse de saber que é tudo *dela*. Como se fosse, ao mesmo tempo, ciência *e* mágica. Não é uma questão de vaidade. Vaidade é achar que todo mundo ao redor acha que você é a mais bonita. Sheila demonstra autoconfiança.

Ela e Mike não parecem ter nem um pingo da vergonha sexual que parece assolar boa parte da minha congregação. Os dois não são casados e nunca nem cogitaram esconder o fato de que seu relacionamento é sexual. Eles se deleitam um com o outro e consigo, como se a atração que compartilham tivesse se transformado em um grande apreço e confiança em si próprios, no âmbito pessoal, físico e sexual. Os dois pertencem um ao outro, de corpo e alma, mas permanecem indivíduos distintos.

Comecei a encará-los como o padrão de positividade corporal e sexual — isto é, ao mesmo tempo profundamente espiritual. Sua relação com o sexo, um com o outro e consigo parece integrada e completa, um forte contraste com tantos membros da minha congregação que foram criados em igrejas "fiéis à Bíblia". Mas por que Sheila e seu companheiro parecem ser uma exceção à essa regra? Como é que eles são tão livres da vergonha de terem um corpo, que dirá um corpo sexual?

Bem, é porque Sheila não é alguém que conheço de verdade. Ela é a narradora de um poema muito longo, muito sensual e erótico, um poema no qual expressa seu desejo sexual sem vergonha, expressa o amor por sua beleza sem ressalvas, expressa seu desejo e sua apreciação pelo corpo do parceiro sem timidez. E você quer saber onde é que está esse poema?

Pois é. Na Bíblia. Na B-í-b-l-i-a. O mesmo livro que traz éticas sexuais, como o estupro de Tamar, "mulheres, sujeitai--vos aos vossos maridos" e "se uma mulher não sangrar na noite de núpcias, apedreje-a", também apresenta dois amantes desavergonhados em um poema erótico chamado "Cântico dos Cânticos". Porque a Bíblia, assim como o sexo e qualquer outra experiência visceral, nunca é simples.

Quando uma colega da igreja me contou que havia um livro na Bíblia sobre sexo, parecia que estava admitindo que havia um livro na Bíblia sobre cocaína. Então, em uma tarde de domingo, quando eu estava sozinha no meu quarto, peguei minha Bíblia, cuja capa tinha um monte de hippies dentro de letras enormes que anunciavam "BOAS NOVAS", e encontrei o "Cântico dos Cânticos" (erroneamente chamado de "Cântico de Salomão"), ansiosa para encontrar algumas respostas.* Mas tudo que achei foram algumas menções a beijos e um cara comparando os seios de uma mulher a animais, o que achei estranho. Aquilo não me ajudara em nada a desvendar o código do sexo.

Agora, já entendi. O "Cântico dos Cânticos" conta uma história sobre sexo, mas não é pornográfica. É erótica. Ela trata mais sobre desejo do que sobre copulação (perdoe-me por usar essa palavra). Mas o texto não fala *só* sobre desejo em geral. Ele descreve principalmente o desejo *feminino*. E como Carey Ellen Walsh diz, com razão, é "chocante que um livro inteiro da Bíblia seja dedicado ao desejo de uma mulher... É realmente subversivo, oferecendo uma voz dissonante do cânone, que uma mulher esteja no comando e desfrute do próprio desejo sexual".**

---

* O título "Cântico de Salomão" foi acrescentado muito depois pelos editores do livro e não indica a autoria, mas o instinto de dar crédito a um homem poderoso por um trabalho que provavelmente não era seu. "The Song of Solomon", SparkNotes, http://www.sparknotes.com/lit/oldtestament/section14.
** Carey Ellen Walsh, *Exquisite Desire: Religion, the Erotic, and the Song of Songs* (Mineápolis, MN: Fortress Press, 2000).

Durante todo o poema, Sheila diz coisas lindas como estas:

Como a macieira entre as árvores da floresta,
Assim é o meu amado entre os jovens.

Gosto de sentar-me à sua sombra
E seu fruto é doce à minha boca.

Ele levou-me à casa do banquete,
e o estandarte que levanta sobre mim é o amor!★

Aqui temos natureza, banquete, sensualidade, sexualidade e desejo... na Bíblia. Porém, como o "Cântico dos Cânticos" é, em primeiro lugar, um poema sobre o desejo sexual de uma mulher, não é de surpreender que, durante boa parte da história, nas mãos do clero, estudiosos e teólogos do sexo masculino, não tenha sido interpretado dessa forma. Ele era visto como uma alegoria.

Um rabino do século II, Akiba, notoriamente declarou sobre o "Cântico dos Cânticos": "Todos os escritos [de Israel] são sagrados, mas o "Cântico dos Cânticos" é o Sagrado dos Sagrados."★★† Ele queria dizer que o texto do "Cântico dos Cânticos" não era um poema erótico, mas uma chave mística para a compreensão do amor de Deus.

"Nos dois mil anos seguintes", escreve a poeta e pesquisadora Alicia Ostriker, "os comentários rabínicos o interpretariam

---

★ "Cântico dos Cânticos" 2:3-4.
★★ Alicia Ostriker, "A Holy of Holies: The Song of Songs as Countertext", em *The Song of Songs: A Feminist Companion to the Bible*, 2ª ser., editado por Athalya Brenner e Carole R. Fontaine (Sheffield, Reino Unido: Sheffield Academic Press, 2000), 38.
† Walsh, *Exquisite Desire*.

como uma alegoria sobre o amor entre Deus e Israel". Subsequentemente, os cristãos interpretariam o mesmo texto como o amor de Cristo por Sua Igreja. Se é verdade que a Igreja vê o sexo como um antagonista, então o "Cântico dos Cânticos" seria como se o competidor tivesse montado acampamento dentro dos muros da Igreja. Líderes religiosos faziam das tripas coração para negar a identidade do poema.

Isso aconteceu logo no início, começando com um sujeito chamado Orígenes. Orígenes vivia em Alexandria nos anos 200 e era um prolífico escritor, pensador, estudioso e pregador cristão. Ao que consta, ele escreveu dez volumes sobre o "Cântico dos Cânticos", lembrando a forma como Agostinho — o cara que tinha sérios problemas com o próprio pênis — passou a carreira inteira escrevendo textos sobre como Adão era capaz de controlar suas ereções antes da "queda".

Orígenes também teve alguns problemas no decorrer da vida (que surpresa). O homem era tão atormentado por seus desejos sexuais que decidiu resolver o assunto com as próprias mãos, literalmente. Ele levava a sério a noção platônica (com frequência repetida em alguns escritos de Paulo) de que o espírito fica em um plano superior ao da carne, e o corpo é inimigo da alma. Então, em vez de ser assolado por desejos sexuais pecaminosos, Orígenes castrou a si. Isso é que é comprometimento.*

A autocastração para evitar tentações parece uma atitude tão extremada, e, mesmo assim, é apenas diferente em grau de insistir que mulheres escondam seus corpos para não tentar os

---

* Marvin H. Pope, *Song of Songs*, Anchor Bible Commentaries (Garden City, NY: Doubleday, 1977), 115.

homens, de dizer para meninos cheios de hormônios que precisam evitar até *pensar* em sexo, e de descrever sexo como pecaminoso, perigoso e tóxico fora de um casamento heterossexual. Tudo isso tem um resquício das merdas que o pastor de Cindy ladrava: "transcender nossos corpos pecaminosos".

Mas a mulher ficcional que chamo de Sheila parece não personificar essa separação entre carne e espírito. É por isso que acho sua poesia libertadora. Ela é tão diferente da maioria das pessoas que encontro, tão diferente de mim.

Os autores do Novo Testamento viviam em uma cultura profundamente helenizada, na qual o pensamento grego tinha peso, incluindo a crença de que o corpo era corrompido e apenas o espírito poderia ser sagrado. Havia até segmentos iniciais do cristianismo que se agarravam tanto a essa ideia que se recusavam a acreditar que Jesus tinha corpo. Ele apenas *parecia* ter, diziam. E o termo grego para "parecer" é a raiz da palavra *docetismo*, que descreve uma crença que nega a Encarnação — aquele detalhezinho sobre quem era Jesus. Porém, o pensamento ortodoxo mantém que Jesus é Deus transformado em carne. Carne. E osso. Isso fez com que o docetismo fosse, depois de um tempo, considerado herético.*

Porque, então, o poema de amor erótico de Sheila se tornou algo que os cristãos acreditavam ser uma obra do rei Salomão sobre o amor de Jesus pela Igreja? Marvin Pope explica isso em seu livro *Song of Songs*: "Orígenes misturou pensamentos

---

* No primeiro Concílio de Niceia, no ano 325.

platônicos e gnósticos sobre sexualidade para... transformá-lo [o "Cântico dos Cânticos"] em um drama espiritual, livre de qualquer carnalidade."* Quão bizarro é o fato de uma religião baseada na consolidação entre o humano e o divino — uma religião baseada na decisão de Deus de ter, dentre todas as coisas, um corpo humano; uma fé cuja prática principal é uma refeição compartilhada de pão e vinho que dizemos, e às vezes até acreditamos, ser o corpo e o sangue de Jesus — se tornar uma instituição tão temente ao corpo e ao prazer?

Eu fiquei indignada com a forma como a natureza erótica do "Cântico dos Cânticos" foi domesticada, forçada a se tornar uma alegoriazinha enfadonha, e como os já mencionados ensinamentos da Igreja contra o corpo, a mulher e o sexo machucaram a mim e a tantas pessoas sob meus cuidados. É um absurdo e me faz ter vontade de rejeitar boa parte dos ensinamentos e da história do cristianismo.

Mas então penso: *Espere um pouco*. Enquanto fumego de raiva pelo movimento interpretativo de homens ao longo da história sobre o único livro na Bíblia que provavelmente foi escrito por uma mulher — e uma mulher sexualmente expressiva, ainda por cima —, lembro como Ruthie nos ensinou que sexo e espiritualidade estão conectados de uma forma indissolúvel. Aqueles que influenciaram os rumos da interpretação bíblica podiam não ter a intenção de tornar o texto do "Cântico dos Cânticos" ainda mais rico ao unir o sexo e o espírito — porém, aqui estamos, com o Sagrado dos Sagrados.

Porque, mais uma vez, as semelhanças entre a linguagem que usamos naquele grupo de debate para descrever experiên-

---

* Pope, *Song of Songs*, 115.

cias sexuais e as palavras que usamos para descrever uma transa excepcional — o tipo de sexo que Sheila personifica, sem vergonha, transcendental — eram impressionantes.

Na noite em que participamos do exercício de Ruthie, já sabíamos que a conversa era sobre espiritualidade e sexo, então fiquei na dúvida se nossas respostas seguiram uma direção sexual por causa disso. No dia seguinte, entrei no Twitter e perguntei: "Que palavras ou imagens você usaria para descrever uma experiência espiritual profunda pela qual passou?" Aqui vai uma pequena amostra das respostas.

> Maravilhada e confusa. Depois grata.
> Entrei em uma bolha de calor, e uma voz calma me disse que tudo ficaria bem. Minha mente mudou a forma como eu pensava em Deus naquele momento.
> Quente. Ombros leves. E então muito assustador, confuso e vergonhoso assim que saí da imobilidade e tentei entender o que tinha acontecido. Conforto, liberdade, relaxamento.
> Lar: ser recebido em um espaço em que não preciso fazer ou criar nada, onde posso apenas ser quem sou neste momento.
> Restaurador.
> Uma profunda sensação de limpeza.
> Impressionante, vontade de chorar, remoção do peso dos ombros, alegria.
> Não há palavras... apenas a sensação de uma grande abertura e uma amplitude interior.

Aqui vai um exercício mental. Imagine que Sheila — então, no corpo dela, livre de vergonha — tivesse que descrever como é fazer um sexo fantástico. O que ela diria? Será que usaria palavras ou frases parecidas com as que listei anteriormente? Acho que sim.

De volta ao mezanino da sinagoga, eu encarava a tatuagem do avião de Ruthie quando lembrei por que ela a fizera. Minha paroquiana me contara que a escolhera por causa de seu amor por matemática e física, e como, apesar de essas matérias explicarem o funcionamento da maioria das coisas, elas não explicam *tudo*.

— Como é possível que a gente possa ter um método confiável para transportar milhares de toneladas de seres humanos e metal pelo ar? — perguntou ela. — *Devíamos* cair e ter uma morte horrível. Os humanos sonham em voar e escrevem mitos com essa temática há milênios. Mas, agora, fazemos isso todo dia sem nem pensar no assunto. A pressão do ar não dá conta de tudo. Também há mágica. Então minha tatuagem é um lembrete para eu parar e pensar na mágica de tudo.

Talvez o mesmo possa ser dito sobre o ser humano. Existe um episódio clássico de *Star Trek* em que a tripulação encontra uma forma de vida extremamente evoluída que é consciência pura e que descreve os humanos, com zombaria e exatidão, como "sacos feios feitos principalmente de água".

Nós, humanos, somos sacos feios feitos principalmente de água. Cientificamente, somos uma combinação compreensível de elementos químicos e partículas — e, sim, muita água.

Mas você não pode compreender os humanos usando apenas fórmulas, sejam elas científicas ou religiosas. Porque a mágica também existe. Podemos determinar a quantidade de oxigênio, carbono, hidrogênio, cálcio e fósforo que constituem um corpo. Mas, quando fazemos um diagrama das forças que agem sobre ele, ainda há algo que nunca conseguimos contabilizar: a mágica. O espírito. A alma. O *imago dei*. O fôlego de um Deus vivo que nos deu vida. *Yah. Weh*.

Com muita frequência, o diagrama que a religião desenha para nos explicar o sexo assume a visão da cobra — ele cita apenas a física do medo, da ameaça e do controle, mas nem um pouco da mágica. Da mesma forma, a mídia e as propagandas jogam a comoditização do sexo em nosso caminho, e ele se torna uma moeda de troca ou apenas outro aspecto da vida sobre o qual nos julgam e nos desmerecem. Mas nenhuma dessas abordagens é suficiente. Nenhuma mostra a verdade completa. Porque a mágica também existe.

Essa mágica é aquilo que Deus colocou em nós no momento da Criação. É uma centelha de criatividade divina, o desejo de ser conhecido, em corpo e alma, e de se conectar profundamente com o Senhor e com outra pessoa. Essa mágica é nossa melhor parte, e a que se magoa com mais facilidade. Ela foi soprada em nós quando Deus esvaziou Seus pulmões para nos dar vida, dizendo "Tome o que tenho e quem Eu sou". Ela é aquilo que a serpente quer obscurecer com a vergonha. É o que foi santificado para todo o sempre e para todas as pessoas quando Jesus tomou a forma humana e se doou, dizendo: "Tomai e comei, este é o meu corpo, que é dado por vós."

11

OLÁ, EU SOU...

— A gente devia ter trazido marshmallows — talvez tenha sido o melhor comentário que já ouvi na igreja.

Eu pregava um sermão sobre arrependimento no qual mencionava que essa palavra (*metanoia*, em grego) significa, em essência, mudar de ideia. Arrepender-se é ter novos pensamentos, e o que torna o Evangelho tão importante é que ele nos oferece uma espécie de cimento cerebral para preencher as rachaduras neurais profundas em nosso cérebro, cavadas e recavadas por pensamentos ruins.

Quase no fim do sermão, perguntei à congregação:

— O que vocês pensam com mais frequência sobre si?

E então, depois que terminei de falar, as pessoas foram convidadas a escrever esses pensamentos em Post-its e grudá-los na parede.

Enquanto eu lia suas respostas durante o Espaço Aberto, os dez minutos de preces e reflexões que seguem o sermão na HFASS, algo se retorceu dentro de mim.

Não sou suficiente.
Sou um fracasso.
Nunca serei amado por quem eu sou.

Sou gordo e não mereço amor.
Sou medíocre.

São essas merdas que as pessoas carregam consigo. E isso está profundamente conectado com nossa sexualidade. Porém, com muita frequência, em vez de ser o local em que todos conseguem se livrar desse peso, a Igreja escolhe ser um espaço que acrescenta preocupações. A Declaração de Nashville é prova disso.

Não sei sua história. Mas quero lhe fazer a mesma pergunta que fiz aos membros da minha paróquia que aceitaram participar deste livro. O que você aprendeu sobre sexo e seu corpo — através da igreja, de sua família e da cultura ao seu redor? Como essas mensagens afetaram você? E como foi sua vida adulta?

Você conheceu o amor da sua vida, que foi seu único parceiro, e os dois estão felizes? Você casou jovem e acha que sexo é algo que nunca teve oportunidade de entender? Violou alguma parte de si e, portanto, formou escudos em torno de sua sexualidade? Foi irrigado no círculo central, mas tem um filho gay que foi plantado nos cantos? Você é profundamente conectado com o próprio corpo, entendendo o que lhe causa prazer e sabendo comunicar isso sem vergonha? Você quer um sexo melhor? Mais? Menos?

Você já escutou que seus desejos são ruins? Já disse a si que deve se separar de sua sexualidade para ficar bem com Deus? A orientação que recebeu foi... nenhuma?

E o que pensa com mais frequência sobre si? O que *você* escreveria naquele Post-it?

★ ★ ★

Existe um motivo para o diabo ser chamado de *ha satan*, traduzido como "o Acusador", em trechos da Bíblia hebraica. Independentemente do que você acredita sobre o diabo, se acha que é um ser real, as forças humanas do mal ou apenas um lado sombrio de nós, todos conhecemos a voz do Acusador.

A voz da vergonha em nossa mente — esse é o Acusador. A voz cheia de censura que me diz que *sou* o que fiz, ou que aquilo que *sou* é errado. A voz que conta mentiras sobre nós e outras pessoas. O Acusador é a voz que me atualiza o tempo todo sobre a distância entre meu eu ideal e meu eu real, entre minha personalidade ideal e minha personalidade real, entre meu peso ideal (tipo, o que aparece na minha carteira de motorista) e meu peso real. É aquela que repete comentários maldosos que escutei na infância.

A voz do Acusador nos faz comer menos do que deveríamos ou mais do que deveríamos. Ela nos obriga a passar mais tempo no trabalho do que é saudável. E nos força a tomar atitudes ridículas para provar que está errada. Ou para provar que está certa. Às vezes, tentamos silenciá-la com álcool, ou sexo, ou compras, ou carboidratos, ou sucesso. Todas essas coisas, de novo, são moralmente neutras por si só, mas podem causar problemas quando as usamos para calar ou abafar o Acusador.

Vamos deixar registrado: o Acusador não é a consciência. Minha consciência diz: "Você foi grossa com seu colega de trabalho. Talvez fosse melhor pedir desculpas por sua babaquice." É necessário que sejamos condenados por nossos pecados.*

---

* A melhor definição de pecado que já vi pode ser encontrada no livro de Francis Spufford, *Unapologetic: Why, Despite Everything, Christianity Can Still Make Surprising Emotional Sense* (Nova York: HarperOne, 2013), no qual ele o define como HPFTU, na sigla em inglês: "a Capacidade Humana de Foder com Tudo."

Como diz Paulo, todos pecamos e somos destituídos da glória de Deus. Essa é a condição humana da qual ninguém é poupado.

Quando falo sobre o Acusador, estou me referindo às mensagens debilitantes que se repetem em nossa mente. É algo diferente de uma consciência pesada. É vergonha.

A vergonha é como pendurar uma placa no pescoço apresentando nossos pecados já perdoados: "Olá, eu sou um mentiroso." "Olá, eu sou um ladrão." "Olá, eu sou um adúltero." "Olá, eu sou um viciado em drogas." Ou uma placa psicológica: "Olá, eu sou aquele termo horroroso que meu pai usava para me chamar."

O Acusador pode tentar nos condenar pela distância entre nosso eu ideal e nosso eu real, mas a verdade é que ninguém jamais alcança a perfeição. Ela é um alvo em movimento. A miragem de um oásis no meio do deserto. Quanto mais tentamos alcançá-la, mais sedentos nos tornamos, e, mesmo assim, nunca nos aproximamos da água.

Não estou dizendo que Deus fará você alcançar a miragem. Estou dizendo que a versão que Deus ama, a versão com quem Deus se relaciona, é seu eu *real*. O Senhor não espera que você se torne mais magro, heterossexual, casado, celibatário, mais comportado, menos louco, mais espiritualizado ou menos alcoólatra para amar você. E eu argumentaria que, como seu eu ideal não existe de verdade, faz sentido pensar que o "você" que todos na sua vida amam também é seu eu real.

Em Atos dos Apóstolos, Deus aparece para Pedro em uma visão. (Meu amigo Michael Fick chama esse momento de "o bufê das abominações".) Pedro tem uma visão de todos os animais que são considerados impuros na época. Os animais caíam do céu sobre uma toalha de mesa enorme — talvez simbolizando todas as coisas que o deixavam nervoso, coisas que lhe disseram que o tornariam impuro, os itens da lista ruim. E Deus diz algo que destrói para sempre o dualismo das regras e acaba com os limites entre nós e eles: "Não chames tu impuro ao que Deus purificou."

Não chames tu de indigno de amor o que Deus afirma amar.

Não chames tu de ruim o que Deus chama de bom.

Não trates tu com nada menos do que dignidade o que Deus deu vida com Seu próprio fôlego e dotou de alma e de Sua própria imagem.

Quando aquela voz acusadora, cheia de censura, ficar se repetindo na sua cabeça, saiba que ela não é a voz do Criador. A Dele pode ser encontrada nas cantigas de ninar carinhosas de uma mãe para seu recém-nascido, que diz: "Você é amado." A voz de Deus nos declara puros, corretos, perdoados e novos. Ela nos dota de um valor que não tem conexão alguma com nossos esforços, nossas conquistas ou nossa capacidade de alcançar um ideal imaginário.

É para isso que serve a comunidade cristã, na minha opinião. Nós nos ajudamos a silenciar o Acusador. Cuidamos das feridas uns dos outros, mostramos nossas cicatrizes, vemos e perdoamos os defeitos do próximo, nos permitimos chorar, rimos e somos extremamente inflexíveis sobre todos receberem misericórdia. Insistimos em libertar uns aos outros das garras da voz acusadora, e amplificamos a voz de Deus.

E escutamos as histórias daqueles que silenciaram o Acusador por tempo suficiente para escutar a Deus, o Deus que clama por nosso ser mais verdadeiro, mais falho, mais lindo.

Já vi isso na vida de muitos membros da minha paróquia. Como Andie, que é bonita para cacete e fez as pazes com seu corpo que nunca foi magro, silenciando em grande parte a voz acusadora que dizia que ela devia ou até podia ser algo diferente. Como Samantha, que, quando jovem, sentia vergonha por ser uma pessoa tão carnal, e, após anos alternando entre anorexia sexual ou se esbaldando, finalmente fez as pazes com Deus sobre suas necessidades e seus desejos, e compreendeu o que é saudável para ela. Como Reagan, que encontra tanta alegria na igreja e na sua vida como um homem gay. Como Cindy, que expulsou os demônios da religião tóxica e voltou para Jesus, que nunca a machucou.

E como Asher. O doce Asher.* Asher veio para nós há nove anos, como Mary, e fez sua transição enquanto frequentava a House for All Sinners and Saints. Depois de um tempo, ele entrou para o seminário. Dar o sermão em sua ordenação foi uma das melhores experiências que tive. Da última vez que nos vimos, Asher disse que passar 24 anos como garota o ajudou a se tornar o cara que é hoje. Se ele recebesse a oportunidade de voltar atrás e nascer homem, não aceitaria — porque Deus queria que ele fosse trans. Pela glória do Senhor, Asher conseguiu silenciar as vozes do Acusador, de terapeutas ruins e da sociedade, para viver como o homem trans bondoso, esquisito e lindo que Deus o criou para ser.

Os cristãos devem ajudar uns aos outros a silenciar a voz que acusa. A comemorar um arrependimento — uma mudança de ideia, novos pensamentos — que nos leva a possibilidades que nunca cogitamos. A amar uns aos outros como Deus nos ama. A *nos* amar como Deus nos ama. A nos lembrar da verdadeira voz

---

* Leitores de *Pastrix* devem se lembrar da história de Asher, mas só contei uma parte.

de Deus. E há apenas uma forma de fazer isso: sendo o que somos verdadeiramente, com humildade e sem constrangimentos. Abandonando fingimentos. Sendo verdadeiros. Reais. Nossos eus de verdade, não ideais.

E, às vezes, fazendo o que decidimos fazer na HFASS naquela noite, de última hora, após escrevermos nossos pensamentos críticos em Post-its: jogando tudo em uma fogueira. E não naquela segura, entre os laços do matrimônio.

Enquanto nos protegíamos do frio noturno de dezembro no Colorado, Joshua pegou uma bandeja de alumínio na cozinha e saiu. Ele a ergueu em cima da cabeça e a levou para o pátio diante da igreja, como uma procissão do Evangelho. Então a colocou sobre o cimento, e jogamos nossos bilhetes lá dentro.

Ficamos em silêncio enquanto um dos fumantes do grupo me passava um isqueiro laranja, e, sem emitir um som, acendi o canto de um papel azul quadrado que dizia: "Não sou suficiente." Ele incendiou o Post-it amarelo com "Sou gordo e não mereço amor", e logo uma chama forte, comprida, havia se formado. Todos permaneceram calados até Nicci se pronunciar, interrompendo o momento.

— Droga — disse ela. — A gente devia ter trazido marshmallows.

BÊNÇÃO

O amor é a sede imortal do coração de ser completamente conhecido e perdoado.

— Henry Van Dyke

A história da mulher que interrompeu um jantar muito comportado e untou os pés de Jesus com óleo e lágrimas antes de secá-los com o cabelo aparece em todos os quatro Evangelhos, de formas diferentes.* Em Lucas, Jesus está jantando na casa de Simão, um fariseu, quando a mulher surge sem ser convidada. Ela era, nas palavras de Lucas, "da cidade" e "uma pecadora". É lógico, é importante observar que a maioria das pessoas do mundo é "da cidade" e cem por cento são pecadores. Mas isso não importa.**

A mulher tinha alguns problemas. Pendências. Pecados. E sabia que Jesus estaria na casa de Simão, o fariseu, e que, na presença Dele, os doentes eram curados, os cegos voltavam a enxergar

---
* Mencionei a história por alto no Capítulo 1, "Sanctus", mas quero discuti--la de forma mais profunda agora.
** De acordo com as Nações Unidas, 54 por cento da população mundial vive em áreas urbanas: http://www.un.org/en/development/desa/news/population/world-urbanization-prospects-2014.html.

e as massas famintas recebiam pão. Havia muita coisa da qual ela precisava se libertar, muita coisa da qual precisava receber.*

Visualizo a cena da mulher pegando o pote de óleo, o mais cheiroso que encontrou, e quase perdendo a coragem. *Eu nem o conheço. Que loucura.*

Mas algo a fez seguir em frente. Talvez tenham sido as coisas que a prendiam, que lhe causavam sofrimento. E, a cada passo pela velha estrada, sua história se revirava dentro do corpo. O peso das acusações feitas contra ela, das coisas que já fizera, das coisas que não fizera — tudo foi se soltando diante do pensamento de ver o rosto do profeta sobre quem lhe contaram no templo. Aquele que parecia falar diretamente para ela.

Quando a mulher entrou na casa de Simão, o medo teria sido substituído pelas lágrimas. Ela o viu, Aquele cujo olhar a fazia se sentir inteira. Então ajoelhou e chorou, talvez lamentando a pessoa que ela achava que devia ser e nunca fora, talvez lamentando os rótulos que recebera da religião, da sociedade, da sua família, dos outros.

A conversa ao redor emudeceu. Todos a observavam, e, de canto de olho, ela achou ter visto Simão, o fariseu, murmurar para si: *Esse tal de Jesus não pode ser profeta, porque, se fosse, saberia que tipo de mulher é essa.*

---

* Assim como essa mulher não identificada, a samaritana no poço, que tinha sido casada com homens diferentes em momentos diferentes da vida, foi caracterizada como uma prostituta durante o decorrer da história. Essa interpretação é característica do pastor conservador John Piper. Em um sermão, ele descreve a mulher no poço como "uma meretriz vivida, de pensamentos sensuais, mundana da Samaria". Mas não parece que esse tipo de avaliação detalhada da vida dela diz mais sobre o avaliador do que sobre a avaliada? E não sei você, mas já estou de saco cheio de escutar interpretações da Bíblia que destilam ódio pelas mulheres.

Essa parte da história sempre me faz pensar nas ocasiões em que senti que não era vista de verdade, mas julgada: pecadora, herética, vagabunda.

Mesmo assim, a mulher persistiu em seu objetivo. Tirando a tampa do pequeno pote de pedra, ela despejou o óleo aromático nos pés do mestre, óleo que se misturou à água salgada. Seriam lágrimas de libertação? De arrependimento? Do alívio de ser vista?

Foi uma cena mais escandalosa do que ela pretendia, mas boa parte de sua vida fora assim. Então a mulher pegou a única coisa que tinha, o próprio cabelo, secou os pés e os beijou. Beijos de liberdade.

Jesus a encara e diz:

— Simão, você está *vendo* essa mulher?

Você vê essa mulher? Você se vê nela?

Eu também me ajoelhei diante de Jesus, Daquele que me conhece, e chorei lágrimas de libertação, de arrependimento, do alívio de ser vista. O Jesus enviado por Deus para nos reivindicar e salvar é o que me mantém no cristianismo, apesar de centenas de motivos para fazer as malas e abandonar tudo. Mas esse argumento sobre Jesus é uma faca de dois gumes. Porque, por mais que eu valorize o conforto de ser vista por Deus transformado em carne, perdoada e libertada de rótulos ruins, também fico rancorosa por ter que estender a mesma cortesia àqueles que desgosto.

Simão, quase como eu, vê o que quer ver, o que é fácil ver: uma pessoa impura ajoelhada aos pés de Jesus. Uma pecadora. Penso em Agostinho, em Tertuliano, nas mulheres que me davam aula de charme cristão, na igreja de Cindy, nos pastores jovens de calça jeans skinny de Trent e Sam, no homem que se exibiu para mim e minhas amigas naquele verão, no homem no retiro que acusou mulheres de assassinarem seus fetos e em todos os autores da Declaração de Nashville. Se eu prestar atenção o suficiente, consigo ver Jesus olhando para eles, para aqueles aos quais também reivindica e ama, e dizer para mim: "Nadia, você está vendo esse homem? Está vendo essa mulher?"

Eles são filhos de Deus, complexos, machucados e perfeitos, com quem discordo profundamente, ou apenas o que quero ver — pecadores? Se o Evangelho é o local onde encontramos uma cura para o mal causado pelos ensinamentos da Igreja, então também é nele que encontramos liberdade. O que significa que, mesmo que essa seja a última coisa que quero fazer, preciso acreditar que o Evangelho é poderoso o suficiente, transgressivo o suficiente, belo o suficiente, para salvar não apenas os que foram machucados, mas os que machucam.

Será que nós os *vemos*? Será que vemos como provavelmente tentam ser fiéis? Será que vemos como nós também, sem querer, em nosso desejo de sermos fiéis, machucamos os outros?

Odeio que essa seja a economia de Deus. Que a salvação do meu inimigo esteja conectada à minha. E é por isso que às vezes digo que o Evangelho é a *pior* boa-nova que já recebi na vida.

Minha amiga, a escritora Kelly Corrigan, diz que contamos apenas uma história sobre nós, nosso passado ou nossos relacionamentos porque "somos narradores não confiáveis desesperados por uma conclusão". Não faz mal nos permitirmos declarar nossos sofrimentos e sentirmos raiva do passado; mas é terrível permanecer nesse estado mental para sempre. Esse pode ser um passo na direção da cura, mas não o destino final.

Apesar de todos os ensinamentos equivocados e danosos da minha criação religiosa, ainda fico grata por ter nascido em uma família em que as coisas *importavam*. Nossa vida possuía uma manutenção contínua da fé. Eu pertencia a uma comunidade que conectava acontecimentos com o divino. Procurávamos por significado e orientação nas Escrituras antigas. Cantávamos com nosso coração. Chamávamos uns aos outros de "irmão" e "irmã". Nós nos pertencíamos. Aprendi isso tudo com a igreja do meu passado, e levei essas informações comigo para a igreja do meu presente.

Enquanto eu tentava pensar em como finalizaria este livro, cheguei mais cedo na House for All Sinners and Saints para preparar um batismo. Eu lutava com este final, o observara por todos os ângulos, como se fosse um monstro enorme. Parecia que eu me aproximava dele pronta para o ataque, certa de que, se me armasse com os pensamentos, os versículos da Bíblia, as histórias e as poesias certas, poderia vencê-lo.

Aquele era o domingo do Batismo do Senhor, mas a pessoa que seria batizada era um bebê chamado Simon, o filho de 1 ano de Jeff e Tracy, que se conheceram em nossa igreja em 2010.*

Enquanto meus colegas montavam as cadeiras de dobrar brancas tão desconfortáveis que eram dignas do purgatório, formando fileiras improvisadas, enchi um jarro com a água morna que logo seria despejada em nossa bacia de batismo minúscula, sobre a qual eu diria as palavras da bênção: "Noé e os animais sobreviveram à enchente. Agar descobriu seu poço. Os israelitas

---

* Dediquei um capítulo inteiro sobre como Jeff e Tracy me perdoaram por algo que fiz em *Accidental Saints: Finding God in All the Wrong People* (Nova York: Convergent, 2015).

escaparam pelo mar e beberam da água de sua rocha. Naamã lavou sua hanseníase, a mulher samaritana nunca mais sentirá sede, o eunuco etíope descobriu água em um deserto."

Despejei aquela água quente em um jarro de vidro, e, enquanto o líquido espirrava em meus braços, pensei: *Largue as armas. Pare de encarar o monstro. Tudo já está aqui.** Um pequeno batismo para mim.

As pessoas se reuniam aos poucos no porão: visitantes de fora da cidade, universitários que voltavam das férias de Natal, casais que moravam em bairros residenciais, ativistas gays e um novo membro de 80 e poucos anos, que não escuta bem, então precisa gritar comigo para ouvir a própria voz.

Olhei ao redor, e ali, no círculo de cadeiras brancas em torno da mesa torta que serve de altar, vi Meghan, Cecilia, Michael, Reagan e Cindy. Todos estavam lá, esperando o culto começar, apesar dos milhares de motivos que coletaram ao longo dos anos para ficarem bem longe da igreja. Me senti reconfortada, sabendo que, quando o pequeno Simon crescer, talvez ele siga os rastros de suas mágoas até os ensinamentos que recebeu na House for All Sinners and Saints, ensinamentos que podem ter sido dados até por mim, mas, ainda assim, poderá buscar uma comunidade de fé que o ajude a se curar, pessoas capazes de se reunir em torno de um altar torto e cantar para Deus com todo o coração.

Este é o corpo de Cristo, com cada calombo, cicatriz e curvas. Nós estamos presentes para Deus e uns para os outros, e Deus está presente nestes corpos humanos. Em todos eles.

---

* Ruthie Kolb, a sexóloga, guiou um exercício em que nos pediu para nomear aspectos da nossa fé ou crença que achamos mais importantes, e então pensarmos em como essas coisas poderiam nos oferecer sabedoria sobre sexo e sexualidade, e as respostas me levaram a esse momento de lucidez.

O Senhor se revela: no milagre de nosso corpo de bebê, tão recentemente vindo Dele que conseguimos sentir Seu cheiro naquela cabecinha; na liberdade de nosso corpo infantil antes de a vergonha e a timidez o invadirem; na confusão de nosso corpo pubescente e na excitação de corpos adolescentes quando tomam conhecimento do desejo; no fogo e na frieza de nosso jovem corpo adulto quando se conecta com outros; na mágica absurda de nosso corpo gerador de bebês; na sabedoria de nosso corpo envelhecido; e na beleza da proximidade de Deus, que exala Seu cheiro de nosso corpo no fim da vida.
Encarnação, carne

Quando chegou o momento de começar a liturgia, assenti com a cabeça para Jamie, o dirigente do coro. Ele se levantou em meio a risadas, cumprimentos e busca de cadeiras, e começou a cantar, sua voz exigindo nossa atenção para cantarmos juntos. *E pluribus unum.*
Companhia

Ao terminarmos o canto de abertura, levantei e disse:
— Bem-vindos ao domingo do Batismo do Senhor na House for All Sinners and Saints. — E então repeti as palavras que digo em quase todos os domingos dos últimos dez anos: — Acreditamos que a gratidão e a generosidade são práticas espirituais da nossa comunidade, então temos um livro de agradecimento no qual vocês podem escrever pelo que são gratos, e uma cesta para deixar oferendas. Também temos uma mesa aberta, o que significa que, durante a comunhão, todos, *sem exceção*, estão convidados a se aproximar e receber o pão e o vinho, que, para nós, são o corpo e o sangue de Cristo. Se você preferir não

comungar, pode se aproximar com os braços cruzados para receber uma bênção.
Gratidão e generosidade; abundância

Minha fé cristã me diz que boas-novas só são boas se forem para todos; caso contrário, se trata apenas de ideologia. O despertar sexual ocorre em pessoas com todo tipo de corpo, gênero e orientação sexual, todo tipo de ser humano. Pessoas que escolhem o celibato. Que passam a vida inteira com apenas um parceiro. Que não seguem normas de gênero. Que são divorciadas, solteiras, comprometidas, gays, heterossexuais, estranhas, tranquilas. Que me magoaram e que magoei. Todas estão convidadas para a mesa aberta, para a plenitude da misericórdia, para a plenitude de sua eroticidade, de sua sensualidade, de sua amorosidade.
Todos, sem exceção

Depois que dei boas-vindas a todos, Reagan ergueu as mãos e disse:

— Deus, que é misericordioso e compassivo, paciente e abundante de amor, ama vocês do jeito que são. Como pastor convocado e ordenado pela igreja de Cristo e pela autoridade divina, declaro que estão completamente perdoados de todos os seus pecados.

Ninguém me diz nada parecido nas aulas de yoga. E preciso ouvir isso. (Também preciso de ioga, mas aí é outra história.) Preciso de um lugar para confessar que não entendo tudo. O cristianismo não é um programa que ensina como não cometer erros; é uma fé para os culpados. Não existe "certo" nem um jeito perfeito de agir. Aprendemos com nossos erros; oferecemos misericórdia aos outros e a nós. Da mesma forma que um parceiro que ama seu corpo permite que você tenha misericórdia dele, a misericórdia se torna a antítese da rejeição.

Perdão

Durante o último verso de "Shall We Gather at the River?", fui até a fonte de batismo e gesticulei para Jeff e Tracy me acompanharem junto com Simon e seus padrinhos, Aaron e Beth. Como é nosso costume, logo fomos cercados pelas crianças da congregação, que vinham dar uma olhada no que estava acontecendo.

Observei a sala cheia de pessoas tão diferentes e pensei em como nosso corpo realmente é saco feio feito principalmente de água, parte mágica, parte poeira, e o fôlego de Deus, e como somos tão comuns, mas tão conectados com o divino.

Já ouvi falar que toda a água na Terra hoje é a mesma água que existia no princípio dos tempos. Se isso for verdade, significa que, no começo, Deus criou toda a água que há. Aquilo que evapora volta para as nuvens, de onde chove água em outro formato, indo para a terra. O que significa que bebemos a mesma água que os tricerátops bebiam. E que a água de nosso batismo — seja a que jogam em nossa cabeça ou na que somos submersos; seja de rios, da bica, dos oceanos, da piscina ou de garrafa — pode ser a água da Criação. A mesma água que Deus fez existir com um comando, lá no início. Nossa origem divina.

Conexão

Perguntei aos pais de Simon, a seus padrinhos e à congregação se iriam caminhar ao lado dele, colocar as Escrituras sagradas em suas mãos, levá-lo à mesa do Senhor e guiá-lo na fé. Então ousamos, como todos aqueles que vieram antes de nós e todos aqueles que ainda virão, confessar nossa fé. Nós nos levantamos e "renunciamos o diabo e todas as suas promessas vazias". Como uma comunidade, renunciamos promessas vazias. Adoro isso.

Derramei a água do jarro na bacia, a benzi e então a joguei sobre a cabeça do bebê Simon em nome do Pai, do Filho e do Espírito Santo.

Sagrado

E, por um instante, lembrei que, em um futuro próximo, aquele bebê faria o que todos os humanos fazem, e morreria. Com a morte, ele voltará à fonte do seu ser, aquilo que nós, luteranos, chamamos de "completar a jornada do batismo". E então deixará de ser água, retornará ao pó e ao fôlego de Deus. *Yah. Weh.*

Abracei os pais de Simon, e nos sentamos para as leituras e o sermão. Cindy,* que está estudando para ser ordenada na Igreja Unitarista ("Quero levar um pouco de Jesus para eles", diz ela), pregava naquele domingo, então eu sinceramente não olhei antes qual seria o lecionário.

Perdida em pensamentos sobre nossa conexão com o momento da Criação, fiquei sem fôlego ao escutar a primeira leitura.

No princípio, Deus criou o céu e a terra. Era a terra sem forma e vazia, e as trevas cobriam a face do abismo, enquanto o Espírito de Deus se movia sobre a face das águas. Então disse Deus: "Haja luz." E houve luz. Deus viu que

---

* Que não é a Cindy do Capítulo 4.

a luz era boa, e separou a luz das trevas. Deus chamou à luz Dia, e às trevas chamou Noite. Passaram-se a tarde e a manhã, e esse foi o primeiro dia.

Durante o Espaço Aberto, as pessoas escreveram orações, trocaram abraços, comeram lanches, fizeram fila para a oração da cura e a unção. Então nos acomodamos em nossos lugares, e Meghan leu o poema do dia.

Batismo

Um poema de Ted Thomas Jr.

Vento frio.
Ajudo meu pai
a se banhar,
com sua mão boa
ele segura meu braço para se apoiar.
Em um banco de plástico,
ele senta como Buda
e espera que eu
comece.
Eu o molho
com água morna,
ensaboo sua cabeça, suas costas,
sua barriga murcha,
suas partes íntimas
que nem mais íntimas são.
Eu nunca tinha visto a nudez
do meu pai, nem as mudanças
de seu corpo,

seu desamparo cada vez maior.
Sua pele marrom brilha,
e penso nele como um rapaz na noite
em que fui concebido:
arfante, hábil, brilhando
de suor e definição,
as mãos macias de minha mãe
segurando seus ombros.
Eu o seco,
ele permite que o vista
em roupas brancas
de hospital,
que passe óleo no seu cabelo,
coloque-o na cama
e o perdoe.

Poesia

Não sei exatamente por que chorei. Talvez porque, às vezes, a Palavra de Deus nos atinge de um jeito especial na poesia. Talvez porque meus pais estavam ali, minhas primeiras companhias que me perdoaram, e a quem perdoei. Talvez porque guardo tantas histórias sobre a família, o corpo, a nudez, a idade, a geração, a misericórdia e o perdão de outras pessoas no meu coração, e elas se misturam com as minhas.

Finalmente, me lembrei da noite em que Jesus se reuniu com seus amigos hesitantes para uma refeição com gosto de liberdade: pão e vinho, que, para nós, são o corpo e o sangue de Cristo. A Palavra transformada em carne.

Na minha vida como pastora, mulher e mãe de jovens na universidade, sou grata por haver tanto na fé cristã que me guia enquanto descubro uma nova ética sexual e acompanho os membros da minha paróquia em suas explorações. Não é uma questão de escolher entre olhar para nossos desejos e ego em busca de orientação ou deixar de lado nossos instintos e experiências em favor de versículos da Bíblia e ideologias. Nós devemos prestar atenção aos males que nos causaram e que perpetuamos. Demonstrar preocupação. E permitir que a fé nos guie. Permitir que ela nos mostre onde a verdade de Deus é revelada em nosso corpo e em nossas lutas.

Ausência da vergonha

Como descrever um desenvolvimento sexual? Assim:

Encarnação
Gratidão e generosidade
Todos, sem exceção
Companhia
Perdão
Conexão
Sagrado
Poesia
Ausência da vergonha

Esses princípios, que a fé nos oferece, podem ser nossos guias. Eles podem nos mostrar o caminho da reforma, redefinindo a ética sexual opressiva e retrógrada que a Igreja ensina há tanto tempo. Podem nos ensinar a nos tornar bons administradores de nosso corpo e do corpo dos outros. Podem oferecer revelações sobre o que ensinamos aos nossos filhos sobre sexo e seu corpo, e o que ensinamos a nós sobre sexo e nosso corpo. E eles estavam aqui o tempo todo.

Que a paz de Cristo esteja convosco.

Graças a Deus.

AGRADECIMENTOS

Minha gratidão — o tipo de gratidão que, quando sentida, me faz esquecer as coisas ruins do mundo, o tipo de gratidão que não consigo expressar em sua totalidade ao escrever apenas a palavra "obrigada" — vai para tantas pessoas, por tantos motivos. Esta lista não chega nem perto de estar completa.

Jenny Glick, Eric Byrd, Pádraig Ó Tuama, Kara Root, Melissa Febos, David Zahl, Kevin Maly, Harper Bolz-Weber, Kate Bowler, Sara Miles, Paul Fromberg, Heather Haginduff, Guy Irwin, Sarah Condon, Jerry Herships, Clover e Tim Beal, Esther Perel e, em especial, Reagan Humber foram meus companheiros inteligentíssimos de conversa que destrincharam as ideias muito confusas com que comecei e, em certos momentos, me ofereceram alternativas novinhas em folha que eu jamais teria pensado por conta própria.

Nicci Hubert, minha editora por quem eu faria tudo e que não tem medo de mim, merece todos os elogios que eu puder oferecer por toda a sua irritante insistência de que eu poderia melhorar.

David Kopp e Tina Constable, da Convergent, não hesitaram quando expliquei que era este o livro que eu queria escrever.

Ruthie Kolb merece uma medalha por guiar as conversas sobre sexo na igreja.

Os poetas Ted Thomas Jr. e Pádraig Ó Tuama escreveram obras lindas e me autorizaram a usar seus trabalhos aqui.

As orações, a amizade e a lealdade de minha rede de proteção muito sexy, inteligente, ousada, fiel, louca e sagrada, Jodi, Rozella, Jes, Neichelle, Emily, Kerlin, Mihee, Jeff, Austin, Rachel e Winnie, me ajudaram a seguir em frente.

O Hooked on Colfax continua sendo um lugar estranho e receptivo para eu tomar meu tão necessário café e conversar.

Ivy Overby e Trixie Merkin me emprestaram um espaço em sua casa para eu escrever.

E a maior, mais corajosa e mais esperançosa conquista foi como as pessoas da House for All Sinners and Saints ousaram acreditar na possibilidade de algo melhor e me permitiram escutar e contar suas histórias.

Você. Todas as suas versões são magníficas, eu te amo, e prometo mudar de assunto agora.

FONTES

Kindling Communication, para eventos, congregações e escolas, criado por Ruthie Kolb, sexóloga: www.kindlingcommunication.com

Our Whole Lives (um currículo abrangente para uso de igrejas): ucc.org/justice_sexuality-education_our-whole-lives.

See Me Naked: Stories of Sexual Exile in American Christianity, de Amy Johnson Frykholm (Boston: Beacon Press, 2011).

The Song of Songs: A Feminist Companion to the Bible, 2ª ser., editado por Athalya Brenner e Carole R. Fontaine (Sheffield, Reino Unido: Sheffield Academic Press, 2000).

Unprotected Texts: The Bible's Surprising Contradictions About Sex and Desire, de Jennifer Wright Knust (Nova York: Harper One, 2011).

Este livro foi composto na tipografia Bembo Std,
em corpo 11/15,7, e impresso em
papel off-white no Sistema Cameron da
Divisão Gráfica da Distribuidora Record.